El Caballo Blanco

Y

El Pequeño Abdiel

AGRADECIMIENTOS

Primeramente a Dios nuestro Señor por su misericordia infinita
Para con nosotros, por darme la inspiración para la realización de esta historia.
Gracias Señor por conservarles la vida a mis amados padres,
Gracias por la salud de mis hijos, mis amados nietos, y mis hermanos.
Gracias porque nos das tanto sin que merezcamos nada, pero sobre todo,
Gracias Señor por la vida de mis amadas hijas, Luly, y Charito.
Gracias Señor por el amor, la fe, la esperanza, y el conocimiento que nos das.
También le doy las gracias a Ernesto Posada Duran, Adriana Cabrera,. Fabiola Arias y Nacho
De Editorial Trafford por su invaluable ayuda.
Gracias al apoyo y al amor inestimable de mis Amados hijos, Cutberto Aguirre Jr., José Miguel, y Tony.
Gracias a mis hermanos y pastores, Sergio y Ofelia Salvatierra, por sus valiosas enseñanzas, que Dios los bendiga siempre, también les doy las gracias,
Muy especialmente a mi amada y numerosa familia.
Por mis amistades, con mucho cariño para Ramón, Salvador, Rogelio, y Martín, acompañados de su hermosa familia, para la comunidad
De mi pequeña Iglesia Shekinah, pero abundante en espíritu,
Que Dios Nuestro Señor bendiga a mis hermanos, Ávila Arredondo
Gracias para el amigo incondicional, José, y Emita Carballo,
Gracias José por brindarme tu sincera y leal amistad.
Para todas las personas que cooperaron en la recuperación
De Tony, gracias les doy con todo mi corazón.
Pero sobre todas las cosas, gracias Señor por acogernos
En tus benditas y santas manos, a ti la honra, la gloria, y la adoración Amen.
Gracias Saúl, Paty, Javier Rentería y Sussy Ugarte

SALUDOS CARIÑOSOS

Para todos, y cada una de las personas alrededor de nosotros.
Para todos los que tienen un leal y sincero afecto para mis
Amados hijos, Dios los bendiga donde quiera que estén.
Un especial saludo para la familia y amistades de Santa Maria del Oro
La pastoría. Inde, la ciudad de Durango, y para todos los pueblos
Circunvecinos, especialmente para Sardinas, San Bernardo, Durango,
Mi lugar de origen,
Familia Calderón.

DEDICADA

Para Pule, chica, Anita, Júnior, José, Tony, Charito, Luly, Rogelio, Mela, Saúl, Fausto, Chela, Virginia, Fela, Cecy, y Lupe.

TOMASA AGUIRRE

El Caballo Blanco Y El Pequeño Abdiel

LA BÚSQUEDA DE LOS VALORES HUMANOS

TRAFFORD

• Canada • UK • Ireland • USA •

Aviso a Bibliotecarios: La catalogación bibliográfica de este libro se encuentra en la base de datos de la Biblioteca y Archivos del Canadá. Estos datos se pueden obtener a través de la siguiente página web: www.collectionscanada.ca/amicus/index-e.html
ISBN 1-4120-8337-0

Impreso en papel que contiene un mínimo del 30% de fibras recicladas.
Nuestros talleres gráficos utilizan "energía verde" de fuentes solares, eólicas y de otro tipo, las cuales no afectan negativamente al medio ambiente

EDITORIAL TRAFFORD

Oficinas en Estados Unidos, Canadá, Reino Unido e Irlanda
El proceso de edición a pedido es un servicio único que permite publicar y vender libros utilizando la tecnología de impresión a pedido (Print-on-Demand) y la comercialización a través del Internet. Este servicio incluye la promoción, las ventas a minoristas, la fabricación, la toma de pedidos, la contabilidad de ventas y el abono de regalías al autor.

Venta de libros en América del Norte y al extranjero:
Editorial Trafford, 6E-2333 Government St.
Victoria, BC V8T 4P4 CANADÁ
Teléfono: 250 383 6864 (llamadas sin cargo: 1 888 232 4444)
Fax: 250 383 6804; email: pedidos@trafford.com
Venta de libros en Europa
Trafford Publishing (UK) Limited, 9 Park Street, 2nd Floor
Oxford, UK OX1 1HH UNITED KINGDOM
Teléfono: 44 (0)1865 722 113 (tarifa local 0845 230 9601)
facsimile 44 (0)1865 722 868; pedidos.ru@trafford.com
Pedidos por Internet:
Trafford.com/06-0092

10 9 8 7 6 5 4 3 2

CAPÍTULO 1

El huerto de manzanas

En una pequeña y pintoresca aldea al Norte de un lejano país, sobre un extenso, y maravilloso verde prado, estaba construida arquitectónicamente una grandiosa y señorial casona, palpándose en su interior el amoroso e inestimable entorno familiar, con grandes ventanales, una preciosa puerta de madera labrada al frente, y una vista panorámica de la pequeña y pintoresca aldea, rodeada de frondosos y altos árboles, con un espectacular jardín de una gran variedad de hermosas flores de todos los diferentes colores, y esencias existentes; y era el dulce hogar donde vivía un ilustre y feliz matrimonio de nobles aldeanos, el nombre del ilustre e inteligente aldeano es Zhasary, y el de su bella y amada esposa, es Idally los cuales tenían tres amados hijos, que Dios nuestro Señor les había dado en bendición, siendo el mayor de ellos de nombre Ross al que los ilustres aldeanos padres amaban grandemente, por ser el primero de sus hijos que les había nacido en su preciada juventud, a los dos años con exactitud de haberse unido con la bendición de Dios, y del reverendo Pastor del lugar, en feliz unión matrimonial, en la bonita iglesia de la pequeña y pintoresca aldea, al Norte de un lejano país. Los ilustres aldeanos padres, sentían en su interior un placer y deleite muy especial por su amado hijo Ross, ya que por ser el primogénito de sus vástagos el joven Ross era la mano derecha del ilustre aldeano padre, por su valiosa e invaluable colaboración con él, porque en todo momento su amado hijo Ross le había brindado su incondicional ayuda, en todo lo que el ilustre aldeano padre le ordenaba hacer, y siempre estaba a la hora precisa en la mejor disposición para obedecerle con mucho respeto, y ayudarlo a trabajar en todo lo que se necesitara hacer en sus muchas propiedades que poseían, y además Dios nuestro Señor, fué muy generoso con él, porque le dio Gracia ante los ojos de los demás, ya que todo el que lo conocía lo admiraba y llegaba a querer grandemente, porque el joven Ross tenía un noble corazón, y el todopoderoso, hacedor de todas las cosas lo hizo, y lo formo muy bien, siendo realmente un jovencito muy atractivo de buena apariencia, y muy buen mozo.

Le seguía con solo un año de diferencia, ya que Ross contaba con la bendecida y maravillosa edad de diecinueve años, el segundo de sus amados hijos, contando con la preciosa edad de dieciocho años, de nombre Josem, del que los ilustres aldeanos padres estaban de igual manera felices, y orgullosos de él, ya que siempre estaba con muy buena voluntad y disposición para colaborar obedientemente en todo lo que se necesitaba hacer, y también el jovencito Josem era igual de apuesto y buen mozo que su hermano mayor.

Enseguida la descripción del menor de los tres hijos, el pequeño Abdiel, el mas amado, y entrañablemente querido por los ilustres aldeanos padres, ya que el pequeño les había nacido unos pocos años antes cuando ellos habían alcanzado ya la sabia madurez en sus nobles vidas; el pequeño Abdiel poseía una invaluable pureza innata en él, de una hermosa apariencia física, poseedor de una gran belleza exterior e interior, muy inteligente, y además con una gran sabiduría, y nobleza en su pequeño corazón, que el Todopoderoso Creador de todas las cosas, le había bendecido abundantemente, y todos ellos vivían muy unidos tranquilos en armonioso y verdadero amor, en la pequeña lejana y pintoresca aldea, ya que realmente eran una familia ejemplar sencilla, y feliz, temerosa de Dios, nuestro Señor, siempre tratando de hacer el bien a todos sus semejantes cercanos, y lejanos, con muy buena voluntad.

Cuando cualquier persona, quien quiera que fuera, se acercaba a la bondadosa familia, y tocaba la enorme puerta de madera labrada de su grandiosa y señorial casona, con alguna especial petición de ayuda moral, o de alimentos, de inmediato los ilustres aldeanos padres siempre los invitaban a pasar a su cálido e inestimable interior, con gran bondad cortesía, y una amable sonrisa en su noble rostro.

Nunca nadie se marchaba de la grandiosa y señorial casona, con las manos vacías, porque siempre tenían los ilustres aldeanos algo que brindarles según su gran necesidad, por lo cual todos ellos tenían muchas y muy grandes bendiciones, sintiéndose interiormente los ilustres aldeanos padres, muy afortunados y satisfechos por sus grandes logros realizados en sus nobles vidas, por lo cual le daban las gracias constantemente a Dios nuestro Señor, por sus grandes bondades para con ellos, y además les enseñaban con gran esmero, y dedicación la lealtad, el verdadero respeto a los demás, los valores morales, humanos, y las buenas costumbres, a sus muy amados hijos, quienes estaban acostumbrados a actuar con bondad, nobleza, y a obedecer con muy buena voluntad, amor, y respeto, a sus ilustres aldeanos padres.

Cada uno de ellos tenia diariamente una noble tarea que realizar en su pequeña, y unida comunidad, colaborando arduamente, trabajando en conjunto, en sus muy productivas tierras que Dios les había dado, donde siempre tenían abundantes cosechas, y poseían también un enorme y hermoso huerto de manzanas, que estaba ubicado a la orilla de un lago de cristalinas aguas, del cual, estaba muy orgullosa la noble familia por su belleza sin igual, ya que no existía otro huerto de manzanas en toda la región y sus contornos, como el de ellos; sus manzanas grandes y doradas, eran la admiración de propios y extraños, porque eran de la más alta calidad que existía en el mercado, y también porque tenían una muy buena y excelente producción en su abundante cosecha; y así su noble vida transcurría tranquila y sin grandes, ni mayores problemas, estando siempre unidos en gran armonía, y dedicación, día tras día, trabajando en sus productivas propiedades con muy buena voluntad, para que todo estuviera en perfecto estado.

Pero; un tiempo después de estos grandes y felices acontecimientos, cierto día, en un esplendoroso amanecer, cuando el señor e ilustre aldeano padre caminaba por en medio de los árboles del huerto de manzanas, vigilando con atención que todo estuviera en perfectas condiciones, como era su costumbre, y dedicación hacerlo, descubrió muchas anomalías en su enorme y hermoso huerto, dándose cuenta que las doradas manzanas estaban desarrollándose muy lentamente, y no estaban dando el mismo rendimiento anterior, por lo cual el ilustre aldeano padre se preocupo mucho, ya que era uno de sus principales ingresos y el patrimonio de sus amados hijos; el ilustre aldeano padre le presto mas cuidados y atención, vigilando día tras día desde el amanecer hasta que se ocultara el sol por largo tiempo, para poder descubrir donde estaba el terrible y misterioso mal que estaba aquejando a los antes frondosos árboles, y a las doradas manzanas en su huerto; así fueron pasando los días con mucha lentitud y el ilustre aldeano padre muy preocupado seguía viendo con tristeza y dolor en su noble corazón, que el enorme huerto de manzanas parecía tener una rara y grave enfermedad; a los árboles frutales antes tan verdes y frondosos, ahora fácilmente se les caían las hojas sin razón, ni motivo aparente, y además, se estaban poniendo amarillentos y opacos viéndose tristes y sin vida, y a las doradas manzanas parecía que alguien o algo desconocido les estaba quitando a propósito su jugo y sabor natural, ya que se veían marchitas, pequeñas, y sin sabor alguno, además descubrió el ilustre aldeano padre que, no se estaban desarrollando normalmente como él estaba acostumbrado a ver su huerto de manzanas, e investigando alerta, y preocupado descubrió que la mayoría de ellas estaban mordidas y magulladas por algún extraño animal desconocido, por lo que estudio el huerto de manzanas con mas cuidados, y atención, descubriendo muchas huellas de algún extraño animal, aparentemente parecían huellas de caballo, pero el ilustre aldeano padre no estaba completamente seguro, además, vio alarmado que eran demasiadas, como si una manada de extraños animales se paseara por el centro del huerto, y por todos los árboles, destruyéndolo todo a su paso.

CAPÍTULO

2

La partida de los hermanos

El ilustre aldeano padre muy preocupado, reunió a sus amados hijos para comunicarles con mucha pena, y dolor lo que estaba aconteciendo con el huerto de manzanas, al no poder él solo resolver nada, y también para juntos buscar una rápida solución al gran problema que tenían, diciéndoles a continuación lo que estaba pasando con el dañado huerto de manzanas; Ross, Josem y el pequeño Abdiel lo escucharon con mucha atención y respeto, dando, después de pensarlo detenidamente cada uno de ellos su sincera opinión al respecto, pero al ilustre aldeano padre, no le convencía ninguna de las muchas sugerencias que le daban sus amados hijos, el que verdaderamente logro interesar más satisfactoriamente al ilustre aldeano padre, a pesar de que tenia muy pocos años, pero por su gran sabiduría que Dios le había dado, fué el pequeño Abdiel. El ilustre aldeano padre pensó era una buena idea, la que le estaba sugiriendo su muy amado y pequeño hijo, y podría ser la solución perfecta al terrible problema que tenían, ya que el pequeño Abdiel le sugirió sabiamente, vigilaran, y cuidaran el huerto de manzanas durante toda la noche, para tratar de espantar a los extraños animales, o para poder descubrir lo que estaba destruyendo y dañando el huerto de manzanas; el ilustre aldeano padre se detuvo a pensar detenidamente por un buen tiempo, y después de meditarlo cuidadosamente se quedó viendo fijamente a los ojos a su amado hijo mayor de nombre Ross, y le dijo con mucha ternura y amor en su noble corazón...... a ti hijo mío, por ser el mayor de mis amados hijos, te corresponde cuidar el huerto de manzanas esta misma noche,...... y enseguida le pregunta, ¿dime que es lo que necesitas para hacerlo?... ante lo cual, su joven e inteligente hijo Ross, sin pensarlo ni meditarlo por mucho tiempo le responde con respeto, de inmediato, no haciéndolo esperar por su respuesta; ...... padre quiero una gran botella de vino para que no me dé sueño, y así cuidar con mucha atención toda la noche el huerto de manzanas...... El ilustre aldeano padre, se marchó de inmediato a buscar lo que su amado hijo le pedía, regresando rápidamente con la gran botella de vino, dándosela en sus propias manos, pidiéndole con ternura, pero con autoridad en su voz, estuviera muy alerta durante toda la noche, ya que confiaba plenamente en el hijo, quién le contestó,...... le pido padre no se preocupe, ya que así lo haré...... y muy contento enseguida, se fué al huerto de manzanas a cuidarlo, así fue pasando el tiempo lentamente, y Ross seguía cuidándolo con dedicación y esmero, tomando su botella de vino, dándole pequeños sorbos para que le durara más tiempo la bebida; a las once de la noche se le termino el vino, y le entró un sueño profundo quedándose dormido sin darse cuenta, y así pasaron las siguientes horas de la noche.

Cuando ya empezaba a amanecer, y Ross seguía profundamente dormido, y a lo lejos en el infinito, se divisaba la claridad del nuevo día, el ilustre aldeano padre se daba a la tarea de terminar con mucha prisa sus quehaceres de la aldea, ya que en realidad estaba ansioso por reunirse con su amado hijo Ross, esperando lo mejor de él, y pidiéndole con humildad a Dios en una silenciosa plegaria, hubiera dado con la solución del problema satisfactoriamente; después de terminar con las labores de la aldea, se fué apresuradamente rumbo al huerto de manzanas, con la ilusión y la gran esperanza en su interior, de encontrar mejor el huerto, y que su amado hijo Ross, hubiera solucionado el terrible mal que lo aquejaba, pero al llegar junto a él, y ver todo alrededor, cual no sería su gran sorpresa, y desilusión, al encontrar a Ross dormido profundamente en la pequeña cabaña que habían construido en un costado de los árboles frutales mucho tiempo atrás, y su huerto de manzanas más destruído que el día anterior, era una tristeza enorme ver la destrucción que se veía, y el ilustre aldeano padre entrando en gran cólera, despertó con energía a su hijo Ross diciéndole con mucho dolor en su corazón, que como no había obedecido sus órdenes no lo quería ver mas, ante lo cual él, sin contestarle nada porque se daba cuenta que le había fallado a su ilustre aldeano padre vergonzosamente, y por el gran respeto que le tenía, se dirigió con rapidéz a la señorial casona, y enseguida tomando sus pocas pertenencias se despidió tristemente de su amada madre, y se fue. Caminando por la vereda, pensando por largo tiempo que rumbo tomar al fin se decidió, con desanimo y tristeza, ir hacia el Sur.

El ilustre aldeano padre con mucho dolor en su acongojado corazón, y no encontrando otra solución al gran problema que tenían, le dijo al día siguiente, con preocupación a su hijo Josem,… ahora tu hijo mío eres el que va a cuidar el huerto de manzanas toda la noche…… y enseguida le preguntó,… ¿dime que necesitas para hacerlo ?…, Josem se quedó viendo atentamente a su ilustre aldeano padre, y sin pensarlo mucho tiempo le contestó diciéndole,…… padre quiero una botella de vino, pero yo la quiero más grande que la de mi hermano Ross para no dormirme, y cuidar el huerto de manzanas con mucha atención, y dedicación toda la noche……, el ilustre aldeano padre se marchó de inmediato en busca de lo que le pidió su amado hijo, regresando después de encontrar lo que le pidió, dándoselo en sus propias manos a su hijo Josem, y viéndole a los ojos fijamente meditando por largo tiempo lo que le iba a decir, pidiéndole con fervor primeramente sabiduría a Dios nuestro Señor, y entendimiento para su amado hijo; diciéndole poco después con mucha seriedad en su atractivo, y noble rostro, ...(si, porque el ilustre aldeano padre a pesar de que estaba en la madurez de su noble vida, era un hombre muy atractivo, apuesto, y buen mozo, era la verdadera razón por la cual sus amados hijos, salieron de tan hermoso parecer, ya que la ilustre aldeana madre era también de una gran belleza exterior e interior),...... hijo mío, no quiero de ninguna manera te pase lo mismo que le pasó a tu hermano Ross, así es que te pido amablemente por favor, estés vigilante, y muy alerta durante toda la noche...... Josem inclinando la cabeza, y meditando por largo tiempo, lo que le iba a contestar a su amado e ilustre aldeano padre, para decirle poco después con mucho respeto en su corazón, y tratando de tranquilizarlo con sus palabras lo más humanamente posible, habló lentamente con suavidad diciéndole enseguida,...... padre le pido con toda humildad y respeto, me tenga la suficiente confianza en su encomienda, ya que le aseguro no me va a pasar lo mismo que le pasó a mi hermano Ross, y le prometo solemnemente, estar más alerta, y a ser más cuidadoso que mi amado hermano; el ilustre aldeano padre ya más tranquilo con las alentadoras palabras de su hijo Josem, se marchó enseguida a la aldea, hacia donde estaba su bella y amada esposa, en la señorial casona, esperándolo angustiada diciéndole al llegar con una gran sonrisa de esperanza en su noble rostro,...... vas a ver mujer, ahora no va a pasar lo mismo que pasó con nuestro amado hijo Ross, porque nuestro hijo Josem me prometió solemnemente iba a ser muy cuidadoso..., le dice, esperanzado.

La pobre e ilustre aldeana madre estaba muy angustiada, con su hermosa cara demacrada, llorosa, y muy triste, porque ella pensaba acongojada,... ya había perdido para siempre un amado hijo, y no quería perder a otro. Josem al terminar de hablar con su amado padre, se marchó de inmediato al huerto de manzanas, y se sentó tranquilamente a la sombra de un frondoso árbol, ya que todavía era temprano; él estaba seguro de triunfar en su noble cometido porque tenía toda la intención de agradarle a su amado e ilustre aldeano padre, obedeciéndole totalmente, y enseguida dándole pequeños sorbos a su gran botella de vino, lentamente se le fué pasando el tiempo, ya cuando se terminaba su gran botella de vino, aproximadamente a las once de la noche, se le cerraban los ojos de sueño, pero él luchaba con todas sus fuerzas por vencerlo, al fin no lográndolo, se quedó dormido profundamente, y así pasó el resto de la noche hasta la mañana siguiente.

El ilustre aldeano padre, en cuanto amaneció y al terminar sus nobles tareas de la aldea, se presentó de inmediato en el huerto de manzanas, muy contento con la gran esperanza de que su amado hijo Josem, hubiera cuidado todo muy bien como le había prometido, y encontrado la solución al gran problema que tenían, pero cuando llegó apresurado al huerto de manzanas, le invadió una gran tristeza y desilusión en su noble corazón, ya que se dió cuenta de inmediato con infinito pesar, que el huerto estaba más destruido que el día anterior, se llenó de cólera y fué a despertar a su hijo Josem apresurado, pero al llegar a la vieja cabaña donde el sabía con certeza dormía su hijo Josem, se dió cuenta enseguida que no estaba él, Josem había despertado poco antes de que su ilustre aldeano padre llegara al huerto de manzanas, y se había marchado de inmediato detrás de su hermano mayor, para no afrontar la justa ira de su ilustre aldeano padre, él sabía que su amado hermano Ross, se fue rumbo al Sur, así es que también él se dirigió hacia el Sur dándose mucha prisa en su caminar, para llegar más pronto junto a él, porque Josem sabía con certeza, que su amado hermano le llevaba un día de enorme ventaja, mientras tanto el ilustre aldeano padre se fué muy triste y desalentado caminando cabizbajo con un gran dolor y tristeza en su noble corazón ,a comunicarle a su amada esposa Idally lo que había pasado en el huerto de manzanas con su hijo Josem; la pobre madre lloró angustiada al escucharlo, diciéndole a continuación con mucho dolor, y congoja en su noble corazón… ¿qué vamos a hacer Zhasary, ya se nos fueron nuestros amados hijos, y desgraciadamente el huerto de manzanas cada día esta más destruido…… El pequeño Abdiel al escucharlos hablar con infinita tristeza, se quedó muy pensativo, y meditando un momento les dijo con mucha seriedad y respeto en su infantil voz…… padre, madre, yo sé que estoy muy pequeño todavía, pero yo les quiero ayudar con toda mi voluntad a solucionar éste grave problema que tenemos, y les pido humildemente esta noche me permitan cuidar el huerto de manzanas……, los ilustres aldeanos padres al escucharlo se miraron uno al otro muy asombrados, y diciéndole a continuación el ilustre aldeano padre con todo el amor que le tenía a su amado y pequeño hijo, y con gran emoción en su voz le preguntó de inmediato……¿ qué puedes hacer tú hijo mío, si eres tan pequeño?,……(si, porque el pequeño Abdiel sólo tenía seis años de edad) , diciéndole el ilustre aldeano padre con mucha tristeza en su acongojado corazón,…… si tus hermanos que están grandes, no pudieron resolver ni solucionar este grave problema que tenemos, ni hacer nada por el huerto de manzanas, menos tú que estás tan pequeño hijito mío……

Pero el tiempo siguió pasando, y ellos cada día veían más destruido el huerto de manzanas, y el pequeño Abdiel día tras día insistía le permitieran cuidarlo, después de mucho insistir al fin logró convencer a su amado e ilustre aldeano padre, quién le dijo muy angustiado,…… muy bien hijo mío, ya que tanto insistes te voy a dejar que cuides el huerto de manzanas esta noche, pero si no logras resolver nada al respecto, no te voy a castigar con dureza como a tus hermanos, ya que tú realmente eres muy pequeño......; el ilustre aldeano padre mirando a su amado hijo preocupado, le preguntó con angustia,...... ¿qué es lo que necesitas hijito mío, (le dice amoroso), ... para cuidar con mucha atención el huerto de manzanas durante toda la noche?... ante lo cual el pequeño le contesta rápidamente, ... quiero un dulce muy grande y un madero con espinos...; el ilustre aldeano padre se marchó apresurado, e intrigado a buscar lo que le había pedido el pequeño Abdiel, pensando con preocupación y curiosidad en el camino...... ¿para qué querrá mi amado y pequeño hijo un madero de espinos ?..., sin encontrar la respuesta a su interrogante pregunta, y tardando un buen tiempo buscando lo que quería su pequeño hijo, regresó con el pedido, y dándoselo enseguida en sus pequeñas manos, le pidió con mucha ternura y amor en su voz, se cuidara mucho, el pequeño Abdiel le contestó con suavidad...... esté tranquilo padre, le prometo así lo haré......, y enseguida se marchó apresurado rumbo al huerto de manzanas muy contento y felíz, con su dulce muy grande, y su madero con espinas; al llegar al huerto se sentó cerca de un frondoso árbol de manzanas a comer su dulce lentamente, así se le fué pasando el tiempo, con lentitud, y al pequeño Abdiel le daba mucho sueño, por lo cual tomando su madero de espinas lo colocó en una posición, que si le daba sueño, y se dormía sin él sentirlo, al doblarse, le picaran las espinas, e inmediatamente brincara sobresaltado al sentir dolor, cuando le picaban las espinas en su pequeño cuerpo despertaba rápidamente, y así llegaron lentamente las diez de la noche, poco después las once; el pequeño Abdiel seguía vigilando atentamente el huerto de manzanas, al ser las doce de la noche con exactitud, se sobresaltó en gran manera al escuchar un leve ruido en la orilla del huerto, poniéndose el pequeño rápidamente de pie, y muy alerta para oír con atención de dónde procedía exactamente el ruido, que cada vez se escuchaba más cerca de él, ya que venía caminando directamente hacia donde estaba de pie el pequeño Abdiel, pero estaba tan oscuro que no se alcanzaba a ver nada alrededor, forzando mucho la vista en ese preciso instante vió acercarse una figura blanca sin nada de forma, llenándose el pequeño Abdiel de un gran temor, al ver cuando la figura blanca estaba muy cerca, fué que se dió cuenta asombrado, que era un hermoso caballo blanco con una gran estampa, y una larga crin, el pequeño Abdiel se llenó de valor exclamando con rapidéz y enojo a continuación ......¡ así es que tú eres el que esta destruyendo nuestro amado huerto de manzanas !...(si, porque el pequeño Abdiel podía hablar y entenderse con todos los animales del universo, ya que Dios le había dado ese gran privilegio); el hermoso caballo blanco le contestó con mucha suavidad y ternura en su voz, ... si, pequeño, ven acércate, no te voy a hacer daño ya que tú eres un niño noble bueno, y muy valeroso, y yo te voy a ayudar a mejorar tu huerto de manzanas, sube a mi lomo para darte un largo paseo......, el pequeño Abdiel temeroso le dijo con rapidez,......¡ no porque tú quieres tumbarme, y hacerme daño!......, ...¡ no !... le dice el hermoso caballo blanco con convicción, insistiéndole con suavidad por largo tiempo hasta que al fin logró convencerlo, ... no te voy a hacer daño pequeño, lo que yo quiero es ayudarte a mejorar tu huerto de manzanas......, y enseguida con rapidéz se dobló en sus fuertes patas, para facilitarle al pequeño Abdiel a montarse en él; el pequeño Abdiel receloso y con temor lo obedeció y se acercó montando en el noble corcel, al estar en su enorme lomo el pequeño sintió una maravillosa emoción en su corazón, el hermoso caballo blanco caminó lentamente dando una vuelta alrededor del huerto de manzanas, el pequeño Abdiel le fué tomando confianza al darse cuenta que el hermoso caballo blanco en realidad era noble y bueno, y se puso a platicar animadamente con el noble animal, contándole con detalle de sus amados padres, diciéndole cuanto los amaba, y con tristeza le dijo lo que había pasado con sus queridos hermanos, preguntándole a continuación...

¿ por qué estabas destruyendo nuestro huerto de manzanas ?... a lo que el caballo blanco le contestó de inmediato, ... porque todo ésto tenía que suceder, ya que tú, pequeño Abdiel, encontraste gracia ante los ojos de Dios nuestro Señor, por ser un niño bueno, noble, y valeroso, que miras por los demás antes que por ti mismo, y esa es la principal razón por la cual estoy aquí, para ayudarte a resolver tu grave problema, y quiero pedirte que pongas mucha atención, y veas lo que esta pasando realmente con tu huerto de manzanas......, si, porque increíblemente al dar la primera vuelta alrededor del huerto de manzanas en el lomo del hermoso caballo blanco, los árboles de inmediato se pusieron de un verde oscuro, muy frondosos, viéndose verdaderamente hermosos y saludables, y las doradas manzanas empezaron a crecer un poco, pero al dar la segunda vuelta a todo el huerto de manzanas, el pequeño Abdiel se quedó asombrado, y completamente emocionado su noble y leal corazón; abriendo los ojos enormemente sin poder creer lo que estaba viendo, sorprendido, porque se dió cuenta que los árboles estaban de un verde oscuro, y las doradas manzanas estaban creciendo mucho, y al dar la tercera vuelta el pequeño se asombró más aún, porque el huerto de manzanas brillaba con luz propia espectacularmente, las manzanas estaban doradas, y eran las más grandes que el pequeño Abdiel había visto en su noble y corta vida, ni en sus mejores tiempos las doradas manzanas habían estado tan dulces, grandes, y jugosas como estaban ahora, porque el pequeño lo comprobó enseguida al tomar con rapidéz una dorada manzana en sus pequeñas manos, y al darle una gran mordida se dio al instante cuenta de su jugoso y dulce sabor.

Al terminar la ultima vuelta, y ver que estaba amaneciendo, le dijo con premura el hermoso caballo blanco al pequeño Abdiel,...... ya es tiempo de que te bajes de mi lomo, porque tengo que marcharme de inmediato......, el pequeño Abdiel se rehusaba a bajarse de él, ya que se habían hecho grandes amigos, y le había tomado mucho cariño al noble animal, pero el hermoso caballo blanco hincándose en sus fuertes patas hizo que el pequeño Abdiel resbalara por su enorme cuello, y enseguida trotando y brincando por en medio de los árboles, desapareció rápidamente con un fuerte relincho de satisfacción al haber hecho su buena obra del día, el pequeño Abdiel le dió las gracias poco antes que desapareciera por completo, con una emoción muy grande en su pequeño y noble corazón.

A la mañana siguiente el ilustre aldeano padre terminó sus quehaceres en la aldea, muy preocupado por su pequeño hijo temiendo le hubiera pasado algo malo durante la noche, se dió mucha prisa para llegar al huerto de manzanas, el pobre e ilustre hombre iba triste sin muchas esperanzas en su noble corazón, pensando con desaliento que si sus amados hijos mayores no habían podido solucionar nada al respecto, menos el pequeño Abdiel, porque él, sabía con certeza, tenía muy pocos años, pero al acercarse apresurado al ahora espectacular huerto de manzanas se quedó completamente anonadado al verlo, en total asombro no podía creer lo que estaba viendo, se restregaba los ojos incrédulo creyendo que estaba soñando, y rápidamente se acercó al lago de cristalinas aguas para ponerse agua en su atractiva cara, y así poder despertar completamente de ese maravilloso y hermoso sueño, porque eso no podía ser otra cosa más que eso, un hermoso sueño, pero enseguida miró al frente, y vió al pequeño Abdiel sonriéndole felíz en la orilla del huerto de manzanas, cerca de donde estaba la vieja cabaña. Dándose cuenta de inmediato, que no era un hermoso sueño, sino una hermosa realidad lo que estaba viendo, ya que los frondosos y verdes árboles estaban en su totalidad llenos de jugosas manzanas grandes y doradas, las más grandes que el ilustre aldeano padre había visto en toda su noble vida, al llegar junto a su pequeño hijo le preguntó emocionado y felíz que le dijera de inmediato lo que había acontecido durante el transcurso de la noche, el pequeño

Abdiel con gran alegría le explicaba todo detalladamente a su ilustre aldeano padre, al terminar de contarle lo que sucedió con el hermoso caballo blanco, la valiosa ayuda del noble animal con el huerto de manzanas, el pobre hombre no podía todavía creerlo, y llenándose sus ojos de lágrimas y de un gran júbilo, emocionado, y felíz le dijo al pequeño Abdiel, …… estoy completamente seguro que ésto es un milagro de Dios nuestro Señor, y tomando rápidamente al pequeño Abdiel en sus fuertes brazos con gran regocijo en su corazón, caminó a grandes pasos rumbo a la aldea, para comunicarle a su amada mujer, Idally, lo que había pasado, ya cuando estuvieron todos juntos, y después de contarle todo lo que había acontecido en el ahora espectacular huerto de manzanas a su amada esposa, le dijo con convicción, y con gran alegría en su noble corazón, a su pequeño hijo, …… tengo la absoluta seguridad que Dios nuestro Señor nos a bendecido contigo pequeño hijo, vamos a darle gracias por sus grandes bendiciones para con nosotros, y poniéndose de rodillas con humildad, oraron sin Cesar por largo tiempo; cuando terminaron de dar gracias al todopoderoso, el ilustre aldeano padre, muy contento y emocionado le dijo a su pequeño hijo, …… pídeme lo que tú quieras amado hijo mío, que yo de antemano te lo voy a conceder……, el pequeño Abdiel se quedó pensando, meditando por un momento, y al cabo de un tiempo le contestó diciéndole, …… padre quiero me permitas ir en busca de mis amados hermanos, para cuidarlos, y protegerlos, ya que quiero, y deseo estar con ellos……, el ilustre aldeano padre le dijo al instante,…… no hijo mío, porque eres muy pequeño para irte solo por esos desconocidos lugares con tantos peligros que hay fuera de aquí, y no quiero perderte a ti como perdí a tus hermanos, mis amados hijos,…… el pequeño Abdiel de inmediato le contestó diciéndole con respeto, …… padre tu dijiste y prometiste que lo que yo pidiera me lo ibas a conceder, y eso es lo que deseo y quiero hacer, …… al padre muy angustiado no le quedó otra alternativa que ceder a la justa petición de su amado y pequeño hijo, enseguida, la pobre aldeana madre muy angustiada también, le preguntó al pequeño, esperanzada, con lágrimas en sus hermosos ojos, si él estuviese dispuesto a llevarles alimentos a sus amados hijos, el pequeño Abdiel de inmediato le contestó con respeto diciéndole enseguida, …… eso es lo que quiero hacer madre, y te pido por favor prepares todo lo necesario, para partir lo más pronto posible, ya que tengo verdadero temor que mis amados hermanos estén sufriendo por falta de alimentos……

La bella e ilustre aldeana madre de inmediato dándose mucha prisa, y muy afanosa preparó grandes porciones de pan, carne seca, y también mucha fruta seca, poco después, cuando terminó con su noble tarea, rápidamente acomodó todos los alimentos en unas bolsas especiales que tenían para el largo viaje que iba a realizar su pequeño hijo, y al terminar cuando todo estuvo listo, se las entregó amorosamente en sus pequeñas manos, y con lágrimas en sus hermosos ojos, la ilustre aldeana madre, se despidió con un tierno beso en su pequeña frente dándole enseguida su bendición, y deseándole con todo su buen corazón, que Dios nuestro Señor lo protegiera donde quiera que fuera, al terminar su amada madre con sus bendiciones, él los abrazó con todo el amor que sentía por ellos, con mucha ternura, diciéndoles con suavidad para tratar de tranquilizarlos, ……no se preocupen por mi, ni por mis amados hermanos, ya que estoy totalmente seguro que un día con el permiso de Dios nos vamos a volver a ver, y a reunirnos de nuevo, se los prometo,…… poco después. al terminar con sus promesas, se marchó el pequeño Abdiel con rapidez, rumbo al Sur, ya que él había visto, que sus amados hermanos se fueron por ese rumbo.

El pequeño Abdiel llevaba sus preciados alimentos para sus amados hermanos en su pequeña espalda, por lo cual iba feliz, y contento, él se daba cuenta que sus amados hermanos le llevaban muchos días de ventaja, por lo que se daba mucha prisa en su caminar, pero llevaba mucho peso para sus pequeñas fuerzas, y era muy poco lo que avanzaba, no era mucho lo que había caminado cuando se detuvo a descansar en un verde pasto que estaba en un lado del camino, sentándose pesadamente ya que estaba muy agotado, cuando en ese preciso momento escuchó ruidos de unos fuertes pasos, y volteó con curiosidad a ver de dónde procedían, dándole mucho gusto, y alegrándose su noble corazón, porque lo que venía trotando por el frente del camino, era el hermoso caballo blanco con su larga crin ondeando al aire, el noble corcel trotando, y brincando alegremente, se acercó junto a él, y le dijo con suavidad al pequeño Abdiel, …… yo sé estás muy cansado pequeño, por ese motivo me acerqué a tí, para ayudarte, y llevarte a donde están tus amados hermanos,… el pequeño Abdiel se puso inmensamente felíz y contento al escucharlo, y dándole las gracias muy emocionado se abrazó a su enorme cuello con todas sus pequeñas fuerzas, y con todo el cariño que le tenía, poco después procedió a la tarea de subir apresurado todas sus pertenencias al caballo blanco, montándose él también al noble animal.

Trotando, y platicando, al hermoso caballo blanco con el pequeño Abdiel, se les fueron pasando rápidamente las horas, y al atardecer de ese largo día ya cuando empezó a oscurecer, se detuvieron a dormir.

CAPÍTULO

3

La princesa Alizah

En un viejo Castillo abandonado que estaba a un lado del serpenteado camino, el pequeño bajó con prontitud todas sus pertenencias del caballo blanco, y se preparó con rapidéz su cena, cuando terminó de comer sus alimentos, antes de que oscureciera por completo, exploró apresurado el abandonado castillo con curiosidad, subiendo a la planta de arriba el pequeño Abdiel vió todo con asombro y gran curiosidad, ya que todavía habían cosas muy valiosas en su interior, encontrando entre ellas un cuadro del retrato de una niña muy hermosa, parecía una real princesa con unos ojos preciosos, azules como el mar, y unos rizos rubios como el trigo maduro, algo se le removió en interiormente al verla por primera vez, pero el pequeño Abdiel no sabía qué era esa emoción tan grande que él sentía en su pequeño corazón, y bajó rápidamente los escalones con el cuadro bajo su pequeño brazo, para enseñárselo con premura al caballo blanco, ya que le llamó muchísimo la atención la belleza de la pequeña niña, el noble animal se quedó mirando a la hermosa niña del cuadro, por cierto tiempo con curiosidad, y enseguida le dijo, después de meditarlo un momento, ... esa preciosa niña que tu ves en ese cuadro, un día va a ser tu amada esposa, está destinada especialmente para ti,...... el pequeño Abdiel miró con atención la hermosa niña del cuadro, y le dijo, asombrado y con mucha seriedad,...... como va a ser mi amada esposa, si nunca la he visto, ni sé si de verdad si ella existe,...... el caballo blanco le replicó convencido verdaderamente,...... ella existe, y es una bella princesita que Dios destinó especialmente para ti, así está escrito con letras de oro en el libro de la vida, ella va a ser tu amada compañera para toda la vida, y van a ser muy felices con los hijos que El les va a dar en bendición,...... el pequeño Abdiel volteó una vez más a ver a la hermosa niña del retrato con incredulidad, sin hacer ningún comentario al respecto el noble animal le dijo enseguida,...... ella vivía en éste castillo real, pero por desgracia para ellos, vinieron unos ladrones muy malos a robarles, y querían matar a sus padres, para despojarlos de todas sus posesiones, ellos realmente son unos nobles reyes, el nombre del noble soberano es Adrián, y el nombre de la bella reina es Noemí, y gracias a la misericordia de Dios nuestro Señor, lograron huir hacia el Sur, porque allá tienen otro castillo real más grande, y hermoso que éste, el nombre de la hermosa princesita es Alizah, grábatelo muy bien en lo más profundo de tu noble corazón, para que nunca se te olvide,...... y con éste pensamiento preparó su lecho el pequeño, y se quedó dormido inmediatamente, soñando con la hermosa y preciosa niña del cuadro. En el sueño iban los dos caminando por una extensa vereda, y a los costados de ella, habían muchas hermosas y coloridas flores, iban muy contentos y felices, mirándose a los ojos tomados de la mano, y así pasó rápidamente la noche con sus bellos sueños, al pequeño Abdiel le pareció que amaneció demasiado pronto, y despertó con una alegría muy grande en su noble corazón, porque disfrutó mucho lo que había soñado durante toda la noche, y muy contento y felíz, a la mañana siguiente, cuando llegó la claridad del día, el pequeño Abdiel, después de contarle su hermoso sueño al caballo blanco, se dió mucha prisa, ya que quería llegar lo más pronto posible a dónde se encontraban sus amados hermanos, y trotando en lomos del noble corcel se les pasaron las horas rápidamente, platicando, y haciendo planes para cuando les dieran alcance; porque el pequeño Abdiel le decía al hermoso caballo blanco, emocionado, y con ternura en su pequeño leal y noble corazón, cuánto quería él a sus hermanos, y cuánto los admira, diciéndole con entusiasmo, … cuando yo sea grande y fuerte, quiero ser como son ellos,…… el noble animal contestó inmediatamente con convicción,…… cuando tú seas grande, estoy seguro, vas a ser mucho más noble y generoso que tus hermanos, ya que ellos tienen mucho odio en su corazón porque tu ilustre aldeano padre los echó de la aldea, así es que no esperes estén contentos cuando te vean llegar a ellos, y te pido vayas preparando para el peor recibimiento que te den al verte llegar,…… el pequeño Abdiel meditando cierto tiempo, le dijo al caballo blanco con ternura en su noble corazón, …… yo sé que mis amados hermanos son buenos, y además me quieren mucho así como yo los quiero a ellos, y si verdaderamente están enojados conmigo, ya veré la mejor manera de contentarlos,… después se quedaron serios y muy pensativos por largo tiempo; los dos iban tan concentrados metidos en sus propios pensamientos, que se sobresaltaron en gran manera al escuchar un apagado gemido de dolor, el pequeño Abdiel se dió cuenta de inmediato que el doloroso lamento venía de un montón de pequeños arbustos, al acercarse para ver en que podían ayudar como era su costumbre hacerlo siempre, se dieron cuenta de inmediato que era una perrita muy fina, pero en realidad estaba moribunda, el pequeño Abdiel bajó de inmediato del caballo blanco y rápidamente sacó la cantimplora para ayudarla, y darle a tomar agua en sus pequeñas manitas acercándoselas a la boca del animalito, diciéndole con rapidéz y autoridad en la voz,… no quiero me vayas a morder, porque lo único que yo realmente deseo es ayudarte,…… dándose cuenta al instante que la perrita estaba deshidratada y ya no podía ni abrir su lastimada boca, la perrita estaba muy flaca, y se le estaba cayendo el pelo, pero se veía que había sido un animalito muy fino, y de hermosa apariencia; el caballo blanco se quedó mirándola un momento, y meditando por un tiempo le dijo enseguida al pequeño Abdiel, …… desgraciadamente ya no puedes hacer nada por ella, esa hermosa perrita moribunda era de un noble caballero que se le extravió hace tiempo, y como ella no sabía buscar alimento por si sola, ya que siempre le daban sus alimentos en su boca, no supo sobrevivir en este lugar tan solitario e inhóspito,…… el pequeño Abdiel al darse cuenta que no podía hacer ya nada por ella, se retiró muy triste, ya que la perrita estaba en realidad agonizando, y cuando se aprestó a subir al caballo blanco escuchó otro lamento, más doloroso aún que el anterior, y su pequeña carita reflejó su gran sorpresa al voltear a verla, la moribunda perrita estaba pariendo un hermoso cachorrito, tal era su asombro que no lograba reaccionar al presenciar el nacimiento del animalito, y el pequeño Abdiel pensaba en su interior que ya lo había visto todo, al ver el nacimiento del hermoso cachorrito, cuando en ese preciso instante abrió los ojos enormemente, nuevamente asombrado al observar que iba saliendo del interior del moribundo animalito otro pequeño cachorro, la perrita con un último esfuerzo lo arrojó, y se quedó por un momento mirando al pequeño Abdiel, como diciéndole con la triste y apagada mirada, … cuídamelos mucho,… y murió con una callada expresión en su lastimada carita; al momento los hermosos cachorritos se levantaron hambrientos rodeando al pequeño

Abdiel buscando ansiosamente leche, pero el pequeño no tenía con que alimentarlos, pensando, y meditando por un momento que les daría de comer, él creyó haber dado con la solución, por lo que tomando un pedazo de carne seca la machacó con dos piedras hasta hacerla pulpa, agregándole a continuación agua, y tomándola en sus pequeñas manitas el pequeño Abdiel, se las acercaba a la boca de los hermosos cachorritos que le lamían los dedos con gran ansiedad; el pequeño Abdiel estaba realmente felíz disfrutando mucho lo que estaba haciendo, pero perdió mucho tiempo dándoles de comer así es que decidió quedarse a dormir ahí, después de hacer un profundo hoyo y sepultar a la perrita madre, al terminar su pesada labor se hizo una cama con hojas de árbol quedándose dormido inmediatamente porque estaba demasiado cansado, los hermosos cachorritos se acurrucaron junto a él dándole de su calor, y así pasaron toda la noche.

Al día siguiente, el pequeño Abdiel, se despertó muy temprano con la sensación de que todo lo que había sucedido el día anterior lo soñó, pero al abrir los ojos lo primero que vió fué a los pequeños y hermosos cachorritos dormidos junto a él, el pequeño Abdiel se levantó de su cama de hojas de árbol y se fué a dar un baño a una gran laguna de cristalinas aguas que estaba cerca de donde ellos acampaban, cuando terminó su aseo personal diario, hizo lo mismo que el día anterior, machacar un pedazo de carne seca agregándole de inmediato agua, y alimentó a los hermosos cachorritos; ya cuando ellos quedaron satisfechos se echaron a un lado del pequeño, y en ese preciso momento fué cuando el pequeño Abdiel tuvo tiempo de pensar y se dijo preocupado, ... Dios mío ¿qué voy a hacer con ellos ?, no soy capáz de abandonarlos,... y pensó en cual sería la mejor solución para los hermosos cachorritos.

El caballo blanco al saber sus nobles pensamientos le dijo con convicción, ... la mejor solución será que los metas en una bolsa vacía, y los subas en mi lomo, ya que en realidad están recién nacidos y no pueden caminar por mucho tiempo, y también para que los animalitos vayan más cómodos y no se fatiguen mucho, pero el pequeño pensó con premura y preocupación, ……¿ y que tal si se me ahogan ?…… por lo que decidiendo rápidamente lo que iba a hacer para no perder más tiempo, tomó la bolsa vacía y le hizo unos pequeños agujeros, para que sus hermosos cachorritos pudiesen respirar, y no se le fuesen a ahogar; en ése preciso momento se quedó mirándolos, …¡están tan hermosos!, parecen unas bolitas de pelusa blanca con unas motitas negras,……pensó, y se quedó meditando en como llamarlos, su atención se detuvo en muchos nombres por largo tiempo, pero ningún nombre de los que se le venían a la mente lo convenció, hasta que al fin se decidió por unos nombres que él creía les iban bien a sus hermosos cachorritos, a uno lo nombró Luz, al que tenía más color blanco, y al otro lo nombró Sombra, el que tenía más color negro, introduciéndolos enseguida y con rapidéz en la bolsa como le había indicado el caballo blanco, luego subió todo al noble corcel y prosiguieron su camino, siempre hacia el Sur que era a dónde se dirigían sus amados hermanos, y con sus cachorritos muy abrazado, el pequeño iba felizmente platicando con ellos, pidiéndole a Dios que pronto le entendieran, ya que aún eran muy pequeños.

CAPÍTULO

4

El nacimiento de los cachorros

Llevaban unas horas caminando, cuando el pequeño Abdiel se quedó mirando el cielo, y vió con preocupación unas nubes muy negras provenientes del Sur, dándose cuenta alarmado que se avecinaba una fuerte tormenta, y preguntando al caballo blanco, le dijo,...... ¿tú crees que encontremos un refugio antes que nos alcance esa fuerte tormenta ?...... el caballo blanco le contestó diciéndole, ... voy a darme prisa para encontrar un refugio donde refugiarnos de esa gran tormenta, ... y el caballo blanco rápidamente empezó a trotar. Al pequeño Abdiel en realidad, lo que más le preocupaba eran los pequeños cachorros, porque prácticamente estaban recién nacidos, y temía seriamente por la vida de ellos, puesto que no quería de ninguna manera perderlos.

Unos ensordecedores truenos, se oían muy cerca a dónde se dirigían ellos, los perritos asustados se acercaban más al cuerpo del pequeño Abdiel, cada vez que se escuchaba un fuerte trueno, él los calmaba acariciándolos suavemente, hablándoles con palabras dulces, y en ese preciso momento estalló una tormenta con toda la fuerza que traía en las negras nubes, el pequeño Abdiel le preguntó angustiado al caballo blanco, ...¿ qué es lo que vamos a hacer ?, ... el noble animal no le contestaba nada, dándose más prisa. La tormenta era tan fuerte que no se veía nada alrededor de ellos, entonces cayó un rayo tan cerca que les lastimó los oídos, dejándolos sordos por un tiempo, pero gracias a la luminosidad del fuerte rayo observaron las chozas de un poblado muy cercano hacia donde ellos iban, el caballo blanco se dirigió rápidamente hacia allá, eran unas chozas muy bien construídas, hechas de rojizo barro con techos de palmas, al llegar el noble animal se introdujo con rapidéz a una de ellas con el techo muy alto, por lo que pudo caber muy bien, dándose cuenta que no habían habitantes, el pequeño Abdiel se bajó tranquilamente del caballo blanco, y enseguida, encendió una fogata, se quitó la ropa que llevaba muy mojada, sacó de inmediato a sus cachorritos de la bolsa para ver que tan mojados estaban, y viendo que no era tanto el daño que sufrieron, pues la bolsa los había protegido bastante, vió con curiosidad alrededor de la amplia choza encontrando una piel de conejo, y con ella secó a sus cachorritos cuidadosamente, y con mucha ternura, luego les dió de comer, y finalmente preparó sus propios alimentos, que al desprender el delicioso olor a comida, se dió cuenta de lo realmente hambriento que estaba; terminando de comer, sin dejar nada en el plato, buscó con que hacerse una cama para descansar, encontrando en un rincón de la choza, un gran envoltorio con unas hermosas pieles de leopardo muy bien trabajadas, viendo enseguida que los dueños de las pieles, sabían curtirlas muy bien.

Poco después al inspeccionar con curiosidad la choza, encontró indicios que los dueños de la choza andaban de cacería, y que en realidad pertenecían a una tribu de indios; extendió las pieles en un rincón quedándose inmediatamente dormido, los cachorritos se echaron junto a él, muy cerca del pequeño Abdiel, durmiendo hasta el amanecer. Despertando con los rayos del sol, el pequeño se levantó, y encontrando un gran tazón lleno de agua, a un costado de la choza, se aseó como era su costumbre hacerlo todas las mañanas, luego parándose en la puerta lo primero que vió al frente fué al caballo blanco pastando apaciblemente, lo saludó alegremente con la mano haciéndole una señal para que se acercara, ya estando junto al pequeño, el caballo blanco, trotando y brincando, le preguntó sí había dormido bien, a lo que el pequeño Abdiel le respondió no haber despertado en toda la noche.

Platicando los dos animadamente el pequeño le preguntó ,......¿ a qué hora pararía la fuerte tormenta, ya que yo me quedé dormido inmediatamente ?, le dijo, el noble caballo blanco respondió, ...yo tampoco me di cuenta, porque me quedé dormido, todavía estaba lloviendo,...... y en ese preciso momento se escucharon unos pequeños y alegres ladridos de los hermosos cachorritos, dándoles mucho gusto al pequeño y al caballo blanco, porque era la primera vez que los oían ladrar; el pequeño Abdiel acarició con suavidad y ternura su pequeño lomo, y los perritos lamieron su cara cariñosamente, enseguida se apresuró a preparar los alimentos de todos, comiendo con gran apetito, luego, poniendo todas las cosas en su lugar para que no se fueran a molestar los dueños de la choza a su regreso, y dándoles el pequeño las gracias en silencio por su hospitalidad sin ellos saberlo, se dispusieron a partir de inmediato. Caminaron toda la mañana, al medio día se detuvieron a descansar por un corto período, bajo la sombra de unos altos árboles muy frondosos que estaban a la vera de un río, y de pronto, en lo más alto de un enorme árbol vieron una hermosa águila en su nido, empollando sus huevecillos, quien se distrajo viendo a los viajeros con curiosidad, y al dar un fuerte giro para verlos mejor hizo caer un huevecillo, el pequeño al escuchar que el águila chilló angustiosamente, estiró rápidamente sus manitas tomando el huevecillo, el águila bajó para recuperarlo, y muy agradecida, le dijo al pequeño Abdiel, …… estoy en una gran deuda contigo, no dudes en llamarme si un día me necesitas, que yo acudiré inmediatamente,…… regresando nuevamente a su nido.

Después de descansar por un breve tiempo, siguieron adelante despidiéndose del águila, quién una vez más le reiteró las gracias y le recordó la llamara si la necesitaba, en el momento y la hora que fuera precisa, el pequeño le respondió, prometiéndole que así lo haría.

Enseguida, el pequeño Abdiel, apresuró al caballo blanco diciéndole, …… vamos a caminar más rápido, estoy muy preocupado por mis amados hermanos, porque pienso que no tienen nada que comer, …… el caballo blanco le contestó, …… no te preocupes por tus hermanos, pequeño, ellos son unas personas muy inteligentes, y van a encontrar la manera de sobrevivir, te lo aseguro, …… y así platicando continuaron caminando, pasando el tiempo sin ellos notarlo.

De pronto se sobresaltaron grandemente, ya que frente a ellos se dirigía una tribu de indios muy grande, viéndose muy agresivos con las flechas en las manos, parecían les fueran a atacar con ellas, el pequeño Abdiel asustado abrazó fuertemente a sus cachorritos para protegerlos de cualquier peligro, los agresivos indios al llegar junto a ellos, les hablaron de inmediato con mucha fluidéz en su extraño dialecto, el pequeño Abdiel quedó completamente asombrado, al no entender nada de lo que estaban diciendo, pero el caballo blanco si les entendía su extraño lenguaje, y dijo apresurado, …… no te asustes pequeño, los indios no son malos, lo que ellos están diciendo, es que son cazadores, y cazaron un feróz rinoceronte muy grande, con tan mala suerte que hirió al hijo del gran jefe, y no saben que hacer, porque están muy alejados de su poblado, desgraciadamente no tienen curandero, y el hijo del gran jefe está perdiendo mucha sangre y temen por su valiosa vida. Pregúntales que te indiquen dónde está el indio herido para tratar de ayudarlo, pídeles nos lleven con él de inmediato haber como haces para que los indios te entiendan, ya que yo no puedo comunicarme con ellos, ... el pequeño Abdiel con un gran esfuerzo y movimiento de manos al fin logró que le entendieran, y rápidamente tomando la delantera los indios se adentraron a unos arbustos muy altos que los cubrían casi por completo, dejando solamente ver parte de su negro cabello, abriendo el camino con sus grandes y filosos machetes; el pequeño no los perdía de vista en ningún momento, gracias a que iba montado en el caballo blanco, llegando apresuradamente con el indio herido, que en realidad estaba muy cerca de ellos, el pequeño Abdiel, y el noble animal, no los habían visto porque los indios son expertos en pasar desapercibidos, al llegar junto al indio herido, al verlo, se dieron cuenta de inmediato que tenía un profundo corte en una pierna, que le hizo el feróz rinoceronte con su enorme cuerno, provocándole una fuerte hemorragia. El caballo blanco se acercó rápidamente junto a él, y lamiéndole lentamente, y con mucha suavidad, la enorme herida dejó de sangrar, despareciendo el dolor que aquejaba al pobre indio, y amarrando la pierna del herido, el gran jefe de la tribu lo dejó descansar. Después de un breve tiempo, sintiéndose mejor el indio herido, con una sonrisa en los labios pidió de comer, ya que estaba realmente hambriento, provocando una sonrisa a toda la tribu y quitándoles la terrible angustia que sentían al creer que lo iban a perder para siempre, poco después todos los indios sin excepción les dieron las gracias por su valiosa ayuda, y cortésmente los invitaron a compartir sus alimentos con ellos, el pequeño sabía que si no aceptaba, ellos lo entenderían como un desprecio, diciéndoles enseguida el pequeño Abdiel, ... es un gran honor comer con ustedes,...... (para entonces se comunicaban mejor, porque el pequeño tenía la habilidad y la inteligencia de aprender muy pronto todas las lenguas, ya que Dios le había dado ese privilegio), en ese momento se acercó la mujer del gran jefe de la tribu, muy agradecida con ellos, le dió al pequeño Abdiel con una gran sonrisa en su noble rostro, un enorme plato de madera con carne de rinoceronte, tenía un aroma tan delicioso que el pequeño comió con gran apetito dejando el plato vacío, al terminar todos de comer se sentaron tranquilamente a platicar en la sombra de un enorme árbol que estaba cerca de ellos, el gran jefe indio encendió entonces su pipa ceremonial y dándole una gran bocanada, expeliendo enseguida el humo, le preguntó al pequeño Abdiel con curiosidad, ... ¿qué es lo que estás haciendo por estos rumbos?, ¿Vives cerca de aquí con tus padres?,...porque me doy cuenta que tienes muy pocos años para andar solo por estos apartados lugares,...... el pequeño enseguida le platicó con todo detalle acerca de sus amados padres, y de sus queridos hermanos, también lo que había pasado con su hermoso huerto de manzanas y la valiosa ayuda del caballo blanco, el gran jefe indio lo vió con admiración y agradecimiento diciéndole, ... estamos en deuda contigo pequeño, y yo a nombre de mi hijo y de toda la tribu de la cual soy el jefe, te doy las gracias porque si no hubieran pasado por aquí, mi hijo no sobreviviría, estoy seguro, ...(dijo, mirando al infinito), ... que los Dioses los enviaron a nuestro encuentro para que nos ayudaran, y te deseo con todo mi corazón encuentres pronto a tus amados hermanos con bien, ... el pequeño le dió las gracias por sus buenos deseos, y luego preguntó con curiosidad, ... ¿Dónde está el lugar en donde viven ustedes?, ¿Porque rumbo está su poblado?, ...contestándole el gran jefe indio de el lugar donde quedaba su poblado, dándose cuenta inmediatamente el pequeño Abdiel que era el mismo lugar donde durmieron la noche anterior, platicándole enseguida de la gran tormenta que sufrieron, y dándole las gracias también él al gran jefe indio, por su hospitalidad en su poblado sin él saberlo, causando mucha alegría al gran jefe, que fueron sus invitados y que su choza los había protegido de la fuerte tormenta, poco después el pequeño Abdiel se despidió de ellos, subiendo al caballo blanco y haciéndoles una señal de despedida con la mano a toda la tribu de indios, quienes se inclinaron con respeto y con la mano en el lado del corazón, diciendo el gran jefe solemnemente, ... a nombre de todos, desde este preciso momento te vamos a nombrar gran pequeño jefe blanco,...... el pequeño Abdiel les devolvió el saludo, inclinándose también respetuosamente, y despidiéndose nuevamente siguió su camino por poco tiempo, ya que oscureció muy pronto, después de que se retiraron de la tribu de indios, quedándose a dormir en un verde prado diciéndole el pequeño Abdiel al caballo blanco,...... yo pienso que éste es un buen lugar para descansar, ... el caballo blanco estuvo completamente de acuerdo con él, y durmieron, tranquilamente. A la mañana siguiente se levantaron muy temprano y poco después de desayunar, siguieron su marcha rumbo al Sur por varios días sin ninguna interrupción, ya llevan mucho tiempo caminando, entonces, el pequeño Abdiel con preocupación y angustia, le dijo al caballo blanco, ... ya llevamos mucho tiempo caminando, y no llegamos al lugar donde están mis amados hermanos, ... todavía no terminaba de decir toda la frase al noble animal......

CAPÍTULO

5

El encuentro con la tribu

Cuando divisaron a cierta distancia a sus amados hermanos sentados en una enorme roca, se veían agotados, sedientos, y con mucha hambre, demacrados, y flacos; entonces el caballo blanco le dijo de inmediato al pequeño, … es tiempo de despedirme, ya llegamos a donde te prometí…… el pequeño Abdiel se entristeció, y le preguntó con dolor en su corazón,… ¿Qué, no vas a seguir con nosotros ?, … el caballo blanco le respondió, … no, porque todavía no es tiempo que me vean tus hermanos……

El caballo blanco se acercó de inmediato a una roca que estaba cerca, para facilitarle al pequeño Abdiel a bajarse de él y todas las pertenencias que traía en su lomo, el pequeño se abrazó de su cuello dándole las gracias con todo su corazón por su valiosa ayuda, estaban muy emocionados despidiéndose, y no se dieron cuenta que de un lado de la roca de donde ellos estaban de pie, salía una venenosa serpiente, muy grande, dispuesta a atacar al pequeño Abdiel, ya que era él quién estaba mas próximo al venenoso reptil; el cachorro Luz, al ver lo que iba a suceder emitió de inmediato un fuerte gruñido poniéndolos en alerta, el caballo blanco con la velocidad de un rayo levantó las patas delanteras destrozando la cabeza de la amenazante serpiente, dándole enseguida las gracias a Luz por su oportuno aviso, después de tranquilizarse todos del gran susto que sintieron, el caballo blanco se fué trotando velozmente en dirección contraria a donde se encontraban los hermanos, perdiéndose rápidamente en la distancia. El pequeño Abdiel llegó junto a sus amados hermanos saludándolos muy contento, y causando gran sorpresa al verlo, poco después lo miraron con enojo y le preguntaron molestos, ... ¿qué estas haciendo aquí?... y él les contestó diciéndoles con mucha ternura en su voz, ... vengo en pos de ustedes para traerles los alimentos que les manda nuestra amada madre, ... los hermanos sin hacer ningún comentario rápidamente, le quitaron las bolsas de comida, y con mucha ansiedad comieron hasta quedar satisfechos, para cuando terminaron el sol ya se estaba ocultando en el horizonte, y decidiendo los hermanos del pequeño dormir ahí, se recostaron en el pasto boca arriba, y viendo las luminosas estrellas le preguntaron con curiosidad sobre las novedades que había dejado en la pequeña lejana y pintoresca aldea, además le pidieron les dijera de inmediato que había sucedido con el huerto de manzanas, y como estaban sus amados padres, el pequeño Abdiel procedió a contestarles detalladamente, respondiendo una a una sus preguntas, diciéndoles lo acontecido con el huerto de manzanas, la valiosa ayuda del caballo blanco, y lo contentos y felices que estaban sus amados padres por todo lo que había pasado con él, entonces a los hermanos les invadió mucho odio en su corazón contra el pequeño Abdiel, porque se dieron cuenta que el pequeño pudo lograr lo que ellos no pudieron cumplir con el cometido que les pidió su ilustre aldeano padre, y pensando en deshacerse de él al día siguiente, se quedaron dormidos inmediatamente porque estaban realmente agotados. Los hermosos cachorros se acercaron al pequeño muy quietecitos sin hacer el menor ruido para no molestar a los hermanos, ya que ellos sintieron el enorme coraje que tenían en su interior por él pequeño; mientras tanto el pequeño Abdiel dormía plácidamente con la felicidad de al fin haber llegado junto a sus queridos hermanos, dándole gracias a Dios por permitirle llegar a ellos.

A la mañana siguiente se despertó el pequeño muy temprano, como estaba acostumbrado a hacerlo, y les preparó el desayuno a sus amados hermanos, para agradarlos, pensando que de ésa manera se les quitaría el enojo que tenían en contra de él, luego alimentó a sus cachorritos, y finalmente después de comer él se fué a tomar un baño a un río muy grande que pasa cerca de allí, donde ellos acampaban; al llegar a la orilla buscó un lugar donde estuviese más tranquila la corriente, y se introdujo suavemente al agua ya que estaba realmente muy fría, pero pronto se acostumbra a ella; estando a punto de empezar a nadar, (él sabía nadar muy bien, porque sus amados hermanos le habían enseñado, siendo aún muy pequeño de apenas tres años con paciencia, y gran ternura, en el lago de cristalinas aguas que estaba al lado del huerto de manzanas), sintió que alguien o algo lo mordió fuertemente en los deditos de su pequeño pie izquierdo, y volteó alarmado de inmediato para ver que era lo que le estaba molestando, encontrando con sorpresa, pegado a sus deditos un hermoso pececito de muchos colores, y le preguntó,……¿ por qué me estas mordiendo?,……contestando el pececito multicolor, contrito, ……no te estoy lastimando, sólo quiero jugar contigo, lo que me pasó,…… le dice enseguida, …… es que perdí a mi mamá, y a mis hermanitos, y no los encuentro, me siento muy solito, por eso me acerqué a ti, para pedirte un favor muy grande, …… el pequeño Abdiel después de escucharlo atentamente, le preguntó, …… ¿ dime qué necesitas?, y si te puedo ayudar, cuenta con mi ayuda,…… el pececito multicolor le preguntó nuevamente, … ¿ me podrías ayudar a buscarlos hasta encontrarlos?, porque quiero estar con mi mamá y mis hermanos,…… con mucho gusto, te llevo con ellos,...... le contestó el pequeño Abdiel, ... pero dime, ¿cuándo fué la última vez que los viste?,...... el pececito multicolor señaló con su pequeña aleta derecha, río adentro, y enseguida se dirigieron juntos hacia esa dirección, después de cierto tiempo nadando el pequeño se cansó, y hablando con voz entrecortada al pececito multicolor, le dijo, ... espera un poco necesito descansar por un momento,...... cuando se recuperaron de la fatiga, y pudieron respirar mejor, ya a punto de continuar nadando, escucharon que alguien lloraba muy cerca de ellos con mucho dolor, curiosamente se acercaron para ver que sucedía y en que podían ayudar, el pececito multicolor al encontrarse más cerca exclamó de inmediato, felíz y sorprendido, diciéndole al pequeño Abdiel, ...¡es mi mamá!,......y encontrándose junto a ella la abrazó con sus pequeñas aletas muy emocionado, y le preguntó, ... ¿por qué estás llorando madre?,...... la mamá pez le contestó,...... porque te busqué mucho, y no te encontraba por ninguna parte, temía por tu valiosa vida,... el hermoso pececito multicolor le contestó, ... yo también los busqué mucho y no los encontraba, gracias a él,...... dice, volteando hacia el pequeño Abdiel, ... los encontré, él me ayudó, ... la mamá pez le dió las gracias al pequeño diciéndole, ... estoy muy agradecida por traerme a mi amado hijo con bien, si tu me necesitas en cualquier momento, y a la hora que sea precisa, no dudes en llamarme que yo acudiré enseguida en tu ayuda, ...y el pequeño le contestó prometiéndole que así lo haría, y se despidió de ellos para regresar a la orilla del río, la mamá pez le pidió entonces que le permitiera ayudarlo a llegar más rápido a la orilla y así no se fatigara demasiado, aceptando el pequeño, quién estaba muy preocupado porque ya había perdido mucho tiempo, y temía que sus hermanos estuviesen enojados, o preocupados por él, poniendo sus pequeñas manos en el lomo de los pececitos multicolores llegó rápidamente a la orilla, dando las gracias a todos por su valiosa ayuda se despidió, y la mamá pez se despidió diciendo, ...estoy muy agradecida contigo pequeño, por traerme a mi amado hijo, y no olvides que si me necesitas no dudes en llamarme enseguida......alejándose río adentro, felices porque al fin estaban todos juntos.

El pequeño Abdiel lo primero que vió al llegar a la orilla del río fué a los pequeños cachorros gimiendo tristemente, y a punto de entrar al agua para buscarlo, quienes al verlo corrieron hacia él, muy alegres, el pequeño entonces salió del agua y los acarició con suavidad, los cachorros le lamían cariñosamente su cara para luego sentarse en una roca muy grande que se encontraba cerca de ellos y secarse con los fuertes rayos del sol, ya después de estar seco, se vistió, apresurando a los cachorritos, diciéndoles, ... vamos rápido, no quiero que mis hermanos se molesten conmigo por mi tardanza, ... pero al llegar donde estaban acampados sus amados hermanos, se preocupó en gran manera porque no los encontró, ellos se habían ido sin esperarlo, el pequeño Abdiel se puso muy triste porque se habían ido sin él y no lo esperaron, se acercó desanimado y con dolor en su corazón a la apagada fogata, y tocando la ceniza dióse cuenta enseguida, que todavía estaba tibia, y pensó para sí mismo... no hace mucho tiempo que se marcharon, así es que sí me esperaron, pero al ver que no llegué se fueron,... se dijo esperanzado, se dirigió a los cachorros y les dijo,...... vamos tras mis amados hermanos, yo pienso que no van muy lejos porque llevan mucha carga,...... los cachorros le respondieron con un ladrido, porque para entonces le entendían todo lo que les decía, y se dirigieron con rapidéz hacia el Sur siguiendo las huellas de sus amados hermanos. Caminaron por largo tiempo sin lograr alcanzarlos, los pequeños cachorros, después de caminar un tiempo se echaron a un lado del camino completamente agotados; el pequeño Abdiel levantando a cada uno en cada brazo, siguió adelante; estando ya muy cansados y con mucha hambre, después de varias horas que no comían nada, llegaron a la orilla de otro río, y para aprovechar la sombra de los árboles, al llegar a unas pequeñas plantas el pequeño descubrió con alegría fresas silvestres, y tomando las que pudo en sus pequeñas manos, comió ávidamente hasta quedar satisfecho, dándoles también a sus cachorritos; al terminar de comer dió gracias a Dios por las fresas silvestres que puso en su camino, entonces de pronto soltó una gran carcajada al ver a sus cachorros con la boca toda colorada por las fresas silvestres que habían comido, lo que él no sabía era que también tenía la boca roja, al terminar se acercaron a la orilla del río a tomar agua, pero el pequeño Abdiel vió que la corriente estaba muy fuerte por ese lado, y les dijo a sus cachorros, ... vamos a buscar un lugar más tranquilo, ... pero precisamente en ése momento , el cachorro Sombra se había acercado tanto a la orilla que resbaló, cayendo a la fuerte corriente y desapareciendo inmediatamente en las turbulentas aguas. El pequeño Abdiel con gran angustia y sin saber que hacer, se acordó de los peces multicolores, y llamó a la mamá pez, el tiempo pasaba, y parecía una eternidad, cuando del medio del río emergió la mamá pez preguntándole, ...¿ qué es lo que te aflige pequeño?,...... y contestándole rápidamente con un dolor muy grande en su corazón dijo, ... mi cachorro Sombra cayó al agua y la fuerte corriente se lo llevó, y yo temo por su vida, te suplico que lo rescates antes de que se ahogue,...... la mamá pez le dijo, ... no te preocupes pequeño que yo te voy a traer a tu cachorrito con vida,...... y se sumergió en las turbulentas aguas, al pequeño le parecía que pasaba una eternidad, y juntando sus manitas en una muda oración pidió a Dios que no se muriera su hermoso cachorrito Sombra, en ese instante levantó la mirada y vió con júbilo que contra la corriente se aproximaban los peces multicolores con su cachorrito a cuestas, el pequeño Abdiel estiró sus brazos para recoger a su hermoso cachorro Sombra, y muy contento les dió las gracias a los peces multicolores; la mamá pez le dijo que ella estaba dispuesta a ayudarlo cuantas veces la necesitara, ...solamente tienes que llamarnos...... y terminando de decir esto, desaparecieron en el fondo del río, el pequeño Abdiel enseguida auxilió al cachorrito Sombra, porque estaba inconsciente, y no respondía a su llamado, lo sacudió con fuerza para ver si reaccionaba y por más que intentaba y trataba de que despertase no lo lograba, después de mucho tiempo y ya perdidas las esperanzas, se entristeció en gran manera sentándose en la arena, más en ese preciso momento el cachorro Sombra abrió los ojos, tosiendo, y echando mucha agua por la boca, dándole al pequeño Abdiel una gran alegría al verlo con vida y agradeciendo a Dios con todo su corazón, miró alrededor del lugar y vió que era muy tarde y estaba oscureciendo, decidiendo quedarse a dormir ahí, a la orilla del río, se recostó en la arena, y los cachorros se echaron encima de él para protegerlo y darle su calor, porque la noche estaba muy fría. El pequeño Abdiel durmió felíz toda la noche abrazado de sus cachorros, a la mañana siguiente se levantó muy temprano, y antes de que saliera el sol, comió mas fresas, dándoles también a sus cachorros, luego se dispusieron a continuar su camino, habiendo pasado toda la mañana, al medio día se detuvieron a descansar en una gran arboleda, el pequeño Abdiel descubrió entonces muy contento, que allí fue donde durmieron sus amados hermanos, ya que el pasto estaba aplastado y había una fogata apagada, el cachorro Luz llegó apresurado junto a él y halándole el pantalón con sus pequeños dientes para que lo siguiera, lo llevó hacia la raíz de un frondoso árbol, encontrando un gran pedazo de carne, fruta y pan, viendo con una gran alegría y mucho gusto, que sus amados hermanos se preocuparon por ellos, y dándoles las gracias en silencio comieron hasta llenar sus vacíos estómagos, ya completamente satisfechos, prosiguieron su camino con más prisa, habiendo recuperado sus fuerzas con la comida, caminaron toda la tarde

CAPÍTULO

6

El reencuentro

Cuando estaba oscureciendo finalmente vió a sus hermanos, quienes también lo vieron, diciéndole Ross a Josem, …… ¿qué vamos a hacer con él para que nos deje en paz?,…… Josem le contestó, …… ya es tarde, vamos a dormir aquí, pero mañana ya veremos que hacer con él,…… el pequeño Abdiel al llegar junto a ellos muy contento, les dió las gracias por la comida que le dejaron en el camino, a lo que los hermanos le contestaron enojados, solo con un gruñido, y rápidamente prepararon su cena, terminado de comer se dispusieron a dormir en un mullido pasto, el pequeño durmió muy tranquilo y felíz, porque una vez más estaba con sus amados hermanos, pero ellos no, pues estaban planeando como deshacerse de él. A la mañana siguiente desayunaron todos juntos, y al terminar, Josem vió unos cactus espinosos al frente del camino y le dijo a Ross, ……ya sé como vamos a hacer para deshacernos de él, arrojaremos al pequeño Abdiel en esos cactus espinosos,…… Ross estuvo completamente de acuerdo, y enseguida sin decirle nada al pequeño, Ross lo agarró de las manos, y Josem de los pies tomándolo por sorpresa, y dándole vuelo, lo arrojaron sin piedad en medio de los cactus espinosos, lo que no sabían los malvados hermanos era que en medio de los cactus no había nada de espinas, y ahí fué precisamente donde cayó el pequeño Abdiel. Los malvados hermanos se sacudieron las manos, endureciendo sus corazones, prosiguieron su camino muy contentos pensando que al fin habían desaparecido para siempre a su pequeño hermano, quién no los iba a molestar nunca más, al retirarse los malvados hermanos, los cachorros apresurados buscaron alrededor de los cactus la manera de entrar, para estar cerca del pequeño Abdiel, parecía que los cactus espinosos los habían plantado a propósito en ese lugar, porque formaban un cerrado círculo, al fin después de mucho buscar encontraron una pequeña abertura metiéndose por ahí, al verlos el pequeño les preguntó asombrado como habían entrado, y ellos le señalaron con su cabeza la abertura, entonces el pequeño Abdiel se acercó de inmediato y vió que en realidad estaba muy pequeña, que él no cabía por ahí, buscó con la vista algo con que agrandarla, encontrando una grande y filosa piedra cerca de él, la recogió, y se dispuso a agrandar la abertura tallando las orillas por mucho tiempo, hasta que finalmente logró abrir, saliendo enseguida, ya fuera de los cactus espinosos les dijo apresurado a sus cachorros, ... mis amados hermanos no quieren que vaya con ellos, pero yo les prometí a mis padres, que los iba a cuidar, y aunque ellos no quieran lo voy a hacer, ... los fieles cachorros lo miraron muy tristes y prosiguieron su camino tras las huellas de sus hermanos, caminando por mucho tiempo; de pronto el pequeño se dió cuenta preocupado que se estaban introduciendo a un gran bosque con los árboles tan juntos, que se veía un poco oscuro, al pequeño Abdiel le produjo mucho temor entrar allí, y deteniéndose por un momento, pensó que hacer, más en ése preciso instante, miró más adelante viendo a sus amados hermanos, quitándosele sus temores y todos sus miedos, apresurando a los cachorros para llegar pronto con ellos, pero los malvados hermanos al verlos acercarse, se sorprendieron, invadiéndoles una gran cólera, y Josem le dijo asombrado a Ross,……¿ cómo saldría de los cactus espinosos?……a lo que Ross respondió, que él tampoco lo sabía; lo que ellos no podían comprender, es que el pequeño Abdiel tenía la bendición de sus amados padres y la protección de Dios nuestro Señor, que lo libraba de todo mal, una vez más, dijo Ross moviendo la cabeza, ……no lo sé, pero tenemos que hacer algo definitivo para que no nos moleste más, y nos deje en paz; el pequeño al llegar junto a ellos los saludó con una gran sonrisa, y alegría, sin rencor en su noble y buen corazón, ya que el no sabía nada de los malos sentimientos de sus hermanos, quienes en lugar de contestarle al cariñoso saludo del pequeño le dijeron con enojo, que de inmediato regresara con sus padres y los dejara en paz para siempre, porque él si era querido, más ellos, no; y él les contestó diciéndoles con ternura e inocencia, …… a ustedes también los aman nuestros amados padres en gran manera, pero desobedecieron en lo que el les mando hacer, y tienen que pagar su desobediencia,…… los malvados hermanos se llenaron de cólera al escuchar el razonamiento del pequeño, y tomándolo Josem de las manos, y Ross de los pies, lo arrojaron a una profunda zanja que estaba cerca de ellos, luego se marcharon inmediatamente, llevándose a los pequeños cachorros, tomando Ross, un cachorro, y otro Josem; al caer el pequeño Abdiel a la profunda zanja, emitió un fuerte grito, pero estaba tan profunda la zanja que apenas se escuchó, los cachorros dieron un ladrido de tristeza, ya que no querían dejar al pequeño Abdiel solo e indefenso en ese lugar, pero no podían hacer nada por él, a los malvados hermanos se les endureció una vez más el corazón, y no les importó nada, continuando su camino.

Al caer el pequeño Abdiel en la profunda zanja se golpeó fuertemente la cabeza casi perdiendo el conocimiento, tardando un buen rato en recuperarse, con un fuerte dolor debido al golpe, trató de salir de allí, pero por más que lo intentaba no lo conseguía, por la profundidad de la zanja, y agotado y cansado de tanto luchar por salir, se sentó en una esquina, muy triste, pensando con desaliento que ahí se iba a quedar para siempre, más en ese instante volteó la cabeza hacia arriba, creyendo escuchar un apagado ruido, y lo que vió lo llenó de gran esperanza, porque arriba estaba el águila, que un tiempo atrás encontraron empollando sus huevecillos en la copa de un frondoso árbol, cuando pasaron el caballo blanco y él por la orilla del río, y a quién el pequeño Abdiel le salvó el huevecillo que caía de su nido, al tomarlo en sus pequeñas manos; el águila bajó volando majestuosa y le dijo,...... escuché tu angustioso llamado y por eso estoy aquí,... el pequeño Abdiel sorprendido le replicó, ... yo no te llamé,...... si!... le dijo el águila, ... yo escuché tu llamado de auxilio, y por eso estoy aquí para ayudarte, pero ahora lo importante es sacarte de allí, pero como yo no puedo hacerlo sola, traje ayuda,... el águila hizo un extraño ruido y enseguida bajaron tres pequeñas águilas, señalando a una de ellas el águila le dijo, ...ésta es la que tú salvaste de morir pequeño Abdiel,...... él al verlas le dijo con asombro, ...¡ que pronto crecieron!, cuando pasamos por el lugar donde estaba tu nido todavía no nacían, y ahora están muy grandes... el águila le contestó, ... el día que ustedes pasaron por ahí, ésa misma noche nacieron, y por eso me angustié mucho, cuando se me cayó el huevecillo, ya que si no lo hubieras tomado en tus pequeñas manos habría muerto mi amada cría, gracias a él... le dice a la pequeña águila, ... es que vives..., la pequeña volteó a verlo con ojos de agradecimiento dándole a continuación las gracias, ... ya pasó un buen tiempo, por eso han crecieron tanto,...... dijo la mamá águila, ...

pero vamos a dejar de hablar un poco, y tratemos de sacarte de allí, primero quisiera que me dijeras como es que caíste allí, porque yo sé que eres muy listo, para haber caído por ti solo a esta profunda zanja,...... el águila ya sabía lo que le había sucedido, pero ella quería que el pequeño le confirmara, más el pequeño Abdiel no quiso culpar a sus hermanos con el águila, pero tampoco sabía decir mentiras, así es que le dijo todo lo que pasó a la mamá águila, quién indignada en gran manera le dijo, ... tus malvados hermanos merecen un castigo ejemplar por su actitud, y yo me voy a encargar de que reciban su merecido,...... le dijo muy enojada, ... les voy a sacar los ojos cuando los tenga frente a mí,...... el pequeño Abdiel alarmado y preocupado le suplicó que si se los llegase a encontrar no les hiciera daño, porque él los amaba en gran manera, y le pidió por favor no los dañase, el águila después de pensarlo un momento le prometió no hacerles daño alguno solamente por él, y enseguida le dijo apresurada, que se pusiera boca abajo para tomarlo de su ropa, para no lastimarlo con sus filosas garras, el pequeño le obedeció en todo lo que le dijo la mamá águila, poniéndose rápidamente en posición, las águilas lo agarraron de la ropa emprendiendo el vuelo majestuosas hacia arriba e inmediatamente salieron de la profunda zanja, ya estando arriba le preguntó el águila con ternura si él deseaba que lo guíen a alguna parte, pues ellas con mucho gusto lo llevarían a donde él quisiera y deseara ir, el pequeño Abdiel les contestó preocupado, diciéndoles agradecido, ...no, muchas gracias,......él temía que las águilas al ver a sus hermanos les hicieran daño, además tenía casi la absoluta seguridad de que fueran a intentar una vez más deshacerse de él, agradeciéndoles nuevamente por su valiosa ayuda; la mamá águila le dijo entonces, que cuando la necesitara la llamara inmediatamente, y ellas irían en su ayuda rápidamente, después de verlo a salvo emprendieron su majestuoso vuelo, perdiéndose rápidamente en las alturas. El pequeño Abdiel se quedó viéndolas hasta perderlas de vista, quedándose sentado un corto tiempo ya que le dolía mucho la cabeza debido al fuerte golpe se dió al caer a la profunda zanja, sintiéndose un poco mejor, reanudó su tarea de seguir las huellas de sus hermanos, él quería recuperar a sus cachorros y también comprobar si estaban bién sus amados hermanos, pero por más que buscó no encontró ninguna señal de ellos, el bosque tenía mucha vegetación y era muy difícil seguir las huellas, caminó unas horas por la maleza sin encontrar la salida del lugar y el dolor de cabeza no se le quitaba, al contrario le dolía más debido a la falta de alimentos, porque hacía mucho tiempo que no comía nada, entonces se sentó a descansar un rato a la vera del camino pidiéndole a Dios en una silenciosa plegaria con todo su noble corazón, lo ayudara a salir de ése lugar, poco después de descansar se levantó, y sin él saberlo ni darse cuenta caminó al Sur saliendo rápidamente de la tupida maleza y entrando a otra zona del bosque menos cerrada, el pequeño Abdiel había perdido el sentido de la orientación por completo, tenía fiebre a consecuencia del golpe, de pronto llegó a una pequeña charca, y recogiendo con sus manitas el agua tomó con gran avidéz hasta saciar su sed, continuó caminando ya nada más por inercia totalmente agotado con sus labios completamente secos, y agrietados, caminó con lentitud aproximadamente un día estaba muy débil debido a la fiebre y a la falta de alimentos, entonces tropezó con una enorme piedra que estaba en el camino y cayó al suelo inconsciente, por ese solitario bosque era raro que pasara gente ya que estaba muy abandonado y lejos del mundo, pero en ese preciso momento por el Oriente, muy cerca de donde se encontraba el pequeño Abdiel pasaron dos leñadores con su carga en la espalda, viendo curiosos a unos zopilotes que volaban en círculos sobre el pequeño, pero no le dieron importancia y siguieron caminando ya que de donde ellos pasaban no se alcanzaba a ver al pequeño Abdiel, que estaba cubierto por los arbustos que habían alrededor de él, y así se perdió la esperanza de que lo rescataran, mas afortunadamente poco tiempo después, pasó una pareja de venerables ancianos y ellos vieron los zopilotes rondando al derredor de algo, no sabían que era, porque no se veía nada desde dónde ellos iban caminado, solamente pequeños arbustos.

CAPÍTULO

7

Los venerables ancianos

Los venerables ancianos por pura curiosidad se acercaron, espantando a los horribles animales con fuertes gritos llegando con rapidéz junto al pequeño Abdiel, y al ver el pequeñito cuerpo tirado en medio del bosque los venerables ancianos se asombraron grandemente, porque no podían creer que fuera cierto lo que estaban viendo, que un niño tan pequeño estuviera ahí, todo podían esperar ver, menos encontrar un pequeño niño solo e inconsciente por esos lugares inhóspitos y apartados del mundo, la venerable anciana rápidamente se acercó junto al pequeño pensando que estaba sin vida porque no tenía ningún movimiento, pero al inclinarse y acercar su oído al pecho del pequeño escuchó unos débiles latidos en su corazón y se dió cuenta inmediatamente que todavía estaba vivo, la anciana era una persona que sabía mucho de plantas medicinales, una gran curandera, y lo que andaban buscando tan lejos de su casa, eran plantas, ya que cada año se surtía de ellas, conmovido en gran manera su corazón de amor por el pequeño y sin pronunciar palabra a su compañero, lo tomó en sus brazos con mucha ternura, y amor cubriéndolo con su manto, y siguió caminando, el nombre de la venerable anciana era Bitya y el venerable anciano se llamaba Hilyan, después de cierto tiempo caminando la venerable anciana se detuvo a descansar sentándose en una gran piedra que estaba enseguida de ella, ya que por sus años se cansaba pronto, fué cuando el venerable anciano rompió el silencio, y le dijo, ... mujer es mejor lo dejemos aquí porque creo que no va a sobrevivir, se ve gravemente enfermo,...... la venerable anciana con lágrimas en los ojos le contestó mirándolo con reproche, ...¡no ves que es un niño indefenso, y muy hermoso!...... (si, porque el pequeño Abdiel a pesar de que estaba gravemente enfermo, no había perdido su hermosa apariencia), ...y necesita nuestra ayuda...... le dijo la venerable anciana, nosotros nunca tuvimos hijos, yo creo que Dios nos lo envió para que tratemos de salvarlo, el venerable anciano sin decir nada y avergonzado de lo que había dicho anteriormente, se lo quitó de los brazos cargándolo él para ayudar a su esposa, y siguieron caminando un largo trecho, ya cuando se ocultaba el sol decidieron descansar, deteniéndose en un claro del bosque, bajo un árbol grande para preparar un cocimiento de plantas medicinales y tratar con la ayuda de Dios de salvar al pequeño; el venerable anciano encendió con rapidéz una fogata y cocinó su cena preparando las plantas medicinales apropiadas para dárselas al pequeño, poco después con mucho esfuerzo y ternura le introdujeron una porción del preparado en la boca y con el resto friccionando el pequeño cuerpo con suavidad, viendo algo de mejoría en su rostro, se dispusieron a comer sus alimentos, estaban cenando tranquilamente cuando escucharon alarmados los aullidos de una manada de feroces lobos muy cerca de donde ellos se encontraban, todo estaba tan oscuro que no distinguían absolutamente nada, solamente se veían muchos pares de ojos rojos, y se oían horribles aullidos que los estaban rodeando temerariamente; los venerables ancianos se pusieron muy nerviosos y con mucho temor en su noble corazón, pensando que ése era el triste final de sus nobles vidas, al verse rodeados de tan feroces animales, en ese preciso momento uno de ellos, el más hambriento, o él más atrevido, se acercó dispuesto a morder al pequeño ya que lo veían más indefenso porque no tenía ningún movimiento, los venerables ancianos se quedaron paralizados de miedo, pero en ese momento se apareció de la nada junto a ellos, un hermoso caballo blanco con una larga crin, espantando a golpes a los feroces lobos con sus fuertes coces, después de lograr alejarlos, se acercó al pequeño Abdiel lamiéndole la cara con mucha suavidad y ternura hasta conseguir hacerle reaccionar, el pequeño Abdiel al abrir los ojos y reconocerlo le sonrío dándole las gracias muy despacio, porque estaba muy débil, después el noble animal se fué trotando, perdiéndose en la oscuridad con un fuerte relincho, al ver a Abdiel con vida los venerables ancianos, que estaban paralizados de miedo, pudieron mover sus entumecidos miembros y se acercaron para ver si estaba con vida, al comprobarlo se tranquilizaron un poco, durante toda la noche se levantan de su lecho varias veces para darle su medicamento; a la mañana siguiente el pequeño Abdiel despertó mucho mejor pero muy débil todavía, la venerable anciana con premura le preparó una sopa de carne con verduras, muy nutritiva y con la paciencia que sólo una amorosa madre tiene, le dió de comer en la boca con una especie de cuchara del hueso de un venado, que había cazado el venerable anciano Hilyan mucho tiempo atrás, cuando terminaron de alimentarlo, se prepararon apresuradamente para marcharse del lugar observando que muy cerca de ellos se encontraba el hermoso caballo blanco con su larga crin, vigilando y cuidándolos atentamente, por lo que los venerables ancianos más tranquilos continuaron su camino por varias horas con un sol muy fuerte e intenso, como ellos eran unas personas temerosas de Dios, y El tenia misericordia de ellos, les envió una gran nube para que los cubriera todo el día del fuerte sol, al atardecer de ese día a lo lejos divisaron con alegría su humilde casa, era muy humilde, pero muy bonita, construída por sus propias manos, pequeña, pero lo suficiente para vivir con cierta comodidad, al frente tenía un pequeño porche sostenido con unos fuertes pilares de madera, y en la parte trasera tenían una huerta de vegetales que ellos cuidaban con mucho esmero, porque les proporcionaba gran parte de sus alimentos, entonces los venerables ancianos dijeron emocionados al pequeño Abdiel, ...aquella casa que ves a lo lejos, es nuestra humilde hogar, y desde éste preciso momento es el tuyo también,...... la casita estaba en lo alto de una colina de donde se observaba todo el panorama del bosque, el pequeño al escucharlos les dió las gracias, todavía en brazos de la venerable anciana Bitya, ya que todavía no podía caminar debido a su debilidad, pasando el pequeño, amorosamente su brazo por el delgado cuello, conmoviendo el corazón de la mujer, sintiendo desde ese instante la venerable anciana un gran amor de madre y mucha ternura por él en su noble corazón. Al llegar a la casa lo recostaron con mucho cuidado, en unas pieles de los animales que cazaba Hilyan, pasaron unos días y el pequeño Abdiel iba recuperándose lentamente, ya cuando se sintió mejor salió a caminar, llegando a un riachuelo que pasaba muy cerca de la casa de los venerables ancianos, y sentándose a la orilla en una piedra se quedó muy triste y pensativo, el caballo blanco que se encontraba cerca se aproximó de inmediato y le preguntó con ternura, ... ¿qué es lo que te aflige pequeño Abdiel?......y él contestó diciéndole, ... es que extraño mucho a mis cachorros, y también estoy muy preocupado por mis amados hermanos, quisiera saber como están, y si fuera posible que vinieran aquí a vivir conmigo, ya hablé con mis padres adoptivos, y ellos están dispuestos a aceptarlos aquí, son muy buenas personas, si ellos quisieran vivir aquí yo sería completamente felíz,...... el caballo blanco le dijo, ... si eso te tranquiliza yo los voy a buscar y los traigo contigo,...... al pequeño Abdiel se le iluminó en gran manera su carita, y le dijo emocionado, …… si tu hicieras eso por mí, yo te lo agradecería enormemente con todo mi corazón,…… el noble animal le contestó, …no se diga más, y salió trotando y brincando, adentrándose inmediatamente en el bosque. Pero veamos que pasó con los malvados hermanos del pequeño, ellos al dejarlo en la profunda zanja caminaron lo que restaba del día pensando en el mal que le habían hecho a su pequeño hermano, los remordimientos no los dejaban tranquilos, iban muy serios sin romper el silencio ninguno de los dos, hasta que no pudiendo más le dijo Josem a su hermano Ross, …… estoy muy preocupado por nuestro pequeño hermano, yo quisiera si fuera posible volviéramos por él,…… Ross le contestó, …… es lo mismo que te iba a pedir, porque si le llegase a pasar algo malo nuestros amados padres no nos lo perdonarían nunca, ni nosotros tampoco, pero ya es muy tarde ya está oscureciendo y es mejor regresar de día, además estamos muy cansados, así es que lo mejor es que nos quedemos aquí y mañana regresaremos con la claridad del día,… Con su firme decisión tomada los hermanos se prepararon su cena, y comiendo sin apetito debido a la gran preocupación que los afligía en su corazón por su pequeño hermano, terminando de comer se dispusieron a dormir sin conseguirlo, pidiéndole a Dios con mucho fervor en una muda plegaria, encontrar al pequeño Abdiel con vida. A la mañana siguiente se levantaron muy temprano desayunando calladamente, y rápidamente emprendieron el regreso a la profunda zanja para buscar al pequeño Abdiel, caminando por varias horas, deteniéndose solamente por cortos períodos a descansar y comer; al atardecer llegaron al lugar donde se encontraba la profunda zanja y donde habían arrojado sin piedad al pequeño Abdiel, viéndose uno al otro desconsolados y preocupados al no ver al pequeño Abdiel por ningún lado, después de buscarlo desesperados por mucho tiempo y arrepentidos de todo corazón por el gran daño que le habían hecho a su pequeño hermanito, decidieron dormir allí, ya que se les oscureció rápidamente; al día siguiente dedicaron todo su tiempo a buscarlo, siguiendo sus huellas sin poder salir de la tupida maleza como le sucedió al pequeño, después de mucho buscar y con la valiosa ayuda de los cachorros, quienes seguían el olor del pequeño Abdiel, encontraron la salida continuando su camino, lo que los hermanos no sabían, era que ya estaban cerca del lugar donde cayó inconsciente el pequeño Abdiel, y donde lo encontraron los venerables ancianos, estaban agotados y con mucha hambre, se les había terminado la comida y tenían varias horas sin probar bocado, entonces se detuvieron muy tristes a descansar un momento, los cachorros iban tan contentos que ni el cansancio, ni el hambre les importaba, pues tenían la certeza de encontrar al pequeño Abdiel muy pronto, seguros que estaba bien. Estando descansando los hermanos bajo la sombra de un árbol, se asombraron en gran manera, y mirándose uno al otro preocupados vieron que por el camino contrario de donde estaban sentados, se aproximaba un caballo blanco de hermosa apariencia y una larga crin, caminando directamente hacia ellos, desconcertados y abriendo los ojos enormemente, escucharon hablar al caballo blanco, preguntándoles, ...¿ qué están haciendo aquí tan lejos de la civilización y de su familia ?, lo que el caballo blanco quería saber era si estaban realmente arrepentidos del daño que le habían hecho al pequeño Abdiel, de eso dependía que él los ayudara o no, los hermanos del pequeño le contestaron presurosos diciéndole, ... andamos en busca de un hermanito que tenemos, y que nosotros sin piedad en nuestro corazón arrojamos a una profunda zanja, queremos encontrarlo para pedirle perdón porque estamos arrepentidos y muy preocupados por él,...... al darse cuenta de su sinceridad les dijo el noble animal, ... si realmente están arrepentidos de lo que le hicieron los voy a llevar con el pequeño Abdiel,...... los hermanos le contestaron emocionados y de todo corazón, ... lo único que realmente nos importa en la vida, es saber si está bién,... al escucharlos hablar con absoluta sinceridad les dijo, ... súbanse a mi lomo, para llevarlos donde está el pequeño Abdiel,...dándoles una gran alegría saber que estaba bien, y que por fin se iban a reunir con su pequeño hermano después de buscarlo por tanto tiempo sin encontrarlo, subieron obedientemente al lomo del noble animal, junto a los fieles cachorros que lo atropellaban con preguntas queriendo saber todo acerca del pequeño, el caballo blanco les dijo con un imperioso relincho, ... ¡tranquilos!, muy pronto lo van a ver,...... y continuaron en lomos del caballo blanco; caminando por varias horas sintieron mucha hambre, encontrando en la orilla del camino unas bayas comestibles, se detuvieron a comer todas las que pudieron con gran ansiedad, luego siguieron viaje ansiosos por llegar pronto con el pequeño, mientras tanto Abdiel estaba al frente de la casa de los venerables ancianos, cuidando atentamente el camino hacia donde se había marchado el caballo blanco, como la casa se encontraba en una alta colina se alcanzaba a divisar una gran extensión del lugar y sus contornos, esperó por largo tiempo ver aparecer al caballo blanco con sus amados hermanos y los cachorros, pero ya había perdido las esperanzas, viendo con tristeza que se terminaba el largo día y estaba oscureciendo.

CAPÍTULO

8

La reconciliación

De pronto, en ese preciso instante los vió que se aproximaban a lo lejos montados en el caballo blanco, rebosando de alegría al verlos aproximarse, entró apresuradamente a la casa dando grandes gritos emocionado, con gran gozo en su pequeño corazón, llamando a los venerables ancianos, y saliendo ellos también para recibirlos, contagiándose de la alegría del pequeño Abdiel; los primeros que llegaron corriendo veloces junto al pequeño fueron los cachorros, saltándole encima, lamiéndole la cara con grandes muestras de cariño; el pequeño los abrazó diciéndoles cuánto los quería, y lo mucho que los había extrañado, ya cuando estuvieron junto a él, los hermanos se bajaron rápidamente del caballo blanco, dándole las gracias al noble animal por llevarlos con su pequeño hermano, contestándoles el caballo blanco, que lo había hecho para darle un poco de felicidad al pequeño Abdiel, y esperando, les dijo enérgico, que en adelante se portaran bien con el pequeño, ellos le prometieron solemnemente que así iba a ser, cuando estuvieron junto al pequeño Abdiel, le dieron un fuerte y cariñoso abrazo diciéndole lo mucho que lo querían, y esperaban de todo corazón los perdonara por todo el daño que le hicieron, entonces él les contestó, ……no tengo que perdonarles nada, además yo los quiero mucho, y gracias a ellos, … dijo señalando a los venerables ancianos, ……es que estoy vivo y a salvo, porque me encontraron moribundo y me socorrieron,…… los hermanos agradecieron emocionados a los venerables ancianos diciéndoles, que tenían su gratitud eterna; después que pasó el emotivo momento los venerables ancianos les dieron la bienvenida invitándolos a pasar a su humilde casa, y diciéndoles que también era casa de ellos, la venerable anciana Bitya enseguida les preparó una deliciosa cena, comiendo todos con gran apetito, felices y muy contentos los ancianos al ver lo pronto que había crecido la familia, después de terminar de cenar hicieron grandes planes para agrandar la casita y así vivir más cómodos todos juntos, pasando el tiempo rápidamente platicando, poco después les dijo el venerable anciano, …… vamos a dormir ya que quiero mañana temprano salgamos de cacería, porque nos hace falta carne de venado,…… se acostaron muy emocionados porque nunca en su vida habían salido de cacería, durmiendo todos muy contentos después de darle gracias a Dios y con la conciencia tranquila, luego de todos los difíciles momentos que habían pasado.

A la mañana siguiente, los hermanos sin que nadie los despertara se levantaron muy temprano con la emoción de ir de cacería, preparando todo lo necesario, y después de desayunar partieron marchando todos juntos hacia el Sur, ya que les dijo el venerable anciano que era el lugar donde estaban los mejores venados y los más gordos de la temporada; el venerable anciano iba adelante dirigiéndoles, enseguida el caballo blanco con el pequeño Abdiel y los cachorros, montados en su lomo, y finalmente los hermanos platicando emocionados por la aventura que estaban comenzando, caminaron por varias horas al paso del venerable anciano, al atardecer del día siguiente llegaron a un ancho río y el venerable anciano les dijo, ……

aquí vamos a descansar, estamos muy cansados, y mañana sí Dios lo permite veremos que es lo mejor para nosotros, si cruzar este ancho río que es de aguas muy profundas, o seguir caminando por toda la orilla hacia el Sur,...... después de decirles ésto a su pequeña comitiva, sacaron los alimentos que la venerable anciana les había preparado para varios días comiendo todos con gran apetito, al terminar se dispusieron a descansar después de darle gracias a Dios. Durmieron muy bien toda la noche, acampados enseguida del ancho río, arrullados por el ruido del agua corriendo mansamente, a la mañana siguiente en cuanto se vió la claridad del día, se levantaron, decidiendo sabiamente el venerable anciano seguir por toda la orilla del río en lugar de cruzarlo, porque estaba muy ancho y profundo; continuando su camino, entonces el caballo blanco le dijo al anciano Hilyan, ... señor, quisiera sugerirle algo,... el venerable anciano volteó a verlo, y le dijo, ...¿ qué es lo que quieres decirme ?,...... el caballo blanco le contestó, ... es que vamos muy despacio y yo querría se montaran todos en mi lomo para caminar más rápido,...... el venerable anciano le contestó, ...es demasiado peso para ti, no quisiéramos abusar de tu bondad,...... el noble animal insistió hasta lograr convencerlo y enseguida montando todos en su lomo notaron inmediatamente la diferencia en su avance, iban mucho más rápido que cuando estaban caminando y continuaron toda la mañana a ése mismo paso, al atardecer de ese día salieron del bosque.

CAPÍTULO 9

Amor equino

Entrando a una llanura mucho más extensa, lo primeroquevieronasombrados fué una manada de hermosos caballos pastando al frente de ellos, al acercarse pensaron en su interior que los caballos saldrían corriendo pero no fué así, porque los nobles animales no se asustaron debido a que vieron al caballo blanco que era de su misma especie, mirándolos solo con curiosidad, al pasar junto a ellos enseguida una hermosa yegua del color del trigo maduro vió al hermoso caballo blanco quedando interesada en él inmediatamente, el noble animal también la vió con mucha insistencia ya que le parecía muy hermosa, y le dijo al pequeño Abdiel emocionado, ……yo creo ya encontré una hermosa compañera con quien compartir mi vida,…… el venerable anciano al escucharlo hablar, meditando por un momento, le dijo, ……está bién si quieres quedarte con ellos, prácticamente estamos llegando al final de nuestro destino, y lo que nos falta lo podemos hacer caminando,... enseguida se bajaron todos de él, el caballo blanco dándoles las gracias por su amable comprensión emprendió muy contento una velóz carrera, dando grandes saltos al encuentro de la hermosa yegua, como ya era tarde y se estaba ocultando el sol, el venerable anciano decidió que se quedarían ahí, además para ver si el caballo blanco era aceptado por el jefe de la manada; al llegar el caballo blanco con la manada de caballos y al ver que si era bien recibido por el jefe de la misma se tranquilizaron, encendiendo enseguida el venerable anciano una fogata para cocinar su cena, después de prepararla y antes de comer, dieron las gracias a Dios por las bondades que tenía para con ellos, al terminar con sus alimentos miraron hacia el cielo asombrados y contentos, porque había una luna llena brillando en todo su esplendor alumbrando todo el panorama, y sus alrededores, todo se veía tan cerca de ellos que sentían que si estiraban las manos casi la podían tocar, les invadió una paz tan maravillosa, quedándose dormidos sin darse cuenta hasta la mañana siguiente. Lo primero que vieron al despertar fué a la manada de caballos pastando tranquilamente y al caballo blanco muy contento con su hermosa compañera haciéndole la ronda para enamorarla, dándoles mucha alegría por el noble animal, desayunaron, para después continuar adelante, el pequeño Abdiel hizo una señal de despedida con la mano al caballo, y él le contestó con un fuerte y felíz relincho. Al llegar a una colina grande, vieron con sorpresa que de ahí se divisaba un hermoso y real castillo con muchas coloridas casas alrededor de él, y de donde ellos se encontraban de pie se escuchaba una alegre música, realmente estaban muy cerca del lugar, los hermanos voltearon a ver al venerable anciano preguntándole con curiosidad, ...¿qué es aquello que se ve allá a lo lejos?...... el venerable anciano Hilyan les contestó diciéndoles, ...aquél castillo real que ustedes ven y sus coloridas casas alrededor están de fiesta, cada año por estas fechas celebran alegremente dos semanas completas, ya que son muy felices por tener un soberano justo y noble que vela por ellos para que no les falte nada,…… los hermanos preguntaron al venerable anciano si podían llegar hasta allí, quién viéndolos tan entusiasmados no les pudo decir que no, pese a que se iban a desviar un poco de su destino, los complació; al llegar a las afueras vieron mucha gente sonriente y felíz, comprobando enseguida los hermanos, que el venerable anciano tenía mucha razón, pero al estar ya en la entrada del poblado vieron a una pequeña y hermosa niña sola, llorando desconsoladamente de pié, el pequeño Abdiel rápidamente se acercó solícito como era su costumbre, para ver en que podía ayudarla, viendo con sorpresa y sin poder creer lo que tenía frente a sus ojos, dándose cuenta emocionado que la pequeña que estaba llorando era la hermosa princesita del cuadro que habían encontrado en el castillo abandonado, el caballo blanco y él, tiempo atrás. La hermosa niña al verlo dejó de llorar al instante y le sonrió iluminándose su hermosa carita, el pequeño Abdiel no pudo ni hablar del asombro que tenía, porque estaba sintiendo una alegría y una emoción muy fuerte en su pequeño y noble corazón, él no comprendía porque tenía ésa sensación, como si se conocieran de toda la vida ella le extendió su pequeña mano y le preguntó emocionada, …… ¿cómo te llamas?, yo me llamo Alizah y estoy perdida porque no sé llegar a mi casa, ¿ me podrías ayudar a llegar con mis padres?,…… le dijo la hermosa niña con voz suplicante y tierna, el pequeño al poder hablar después de pasarle un poco la emoción le dijo con voz entrecortada, …yo me llamo Abdiel, y con mucho gusto te ayudaré a llegar con tus padres, pero dime, ¿ dónde esta tu casa?,… la princesa Alizah le contestó, … no lo sé, yo venía por allá,… señalándole al frente con su pequeña mano, …con mi doncella que me llevaba de la mano, pero no me di cuenta cuándo me soltó,… le dijo, señalando nuevamente una calle angosta al frente de donde se encontraban, el pequeño Abdiel y la hermosa niña, enseguida se fueron tomados de la mano caminando hacia donde le señaló la hermosa princesita Alizah, al pasar por un verde prado con muchas hermosas flores a los costados del camino, el pequeño Abdiel recordó en ese preciso instante, de su hermoso sueño tiempo atrás en el viejo castillo, dándose cuenta de inmediato que era el mismo lugar que soñó yendo de la mano de la princesita Alizah, sintiendo entonces una gran alegría dentro de su pequeño corazón, el venerable anciano y los hermanos de él percibieron en su corazón la emoción de los pequeños quedándose a una prudente distancia para no interrumpirlos en su amena conversación, más, sin dejar de vigilarlos para no perderlos de vista. Caminaron por varias calles hasta llegar al castillo real, los hermanos, el pequeño Abdiel, y el venerable anciano se asombraron en gran manera al darse cuenta que sin vacilar la hermosa niña se dirigió hacia allá, al estar al frente al castillo se acercó solicito un guardia real preguntándoles con amabilidad, ……¿qué se les ofrece, los puedo ayudar?,…… les dijo, con una cordial sonrisa, la hermosa niña se dirigió a él y lo llamó por su nombre diciéndole, ……Josué, te suplico les digas a mis padres que salgan,…… el guardia al reconocer a la princesita le contestó apresuradamente con una ligera inclinación, ……princesa Alizah sus padres están muy angustiados porque no la encontraban, toda la guardia la está buscando, pero pase al castillo real princesa Alizah,… le dijo el guardia Josué, con mucho respeto, haciéndole nuevamente una leve reverencia, …¡no!,… contestó la princesita, …quiero que mis padres salgan para darles la bienvenida a mis salvadores,… y haciendo él una leve reverencia, desapareció dentro el castillo real, regresando al poco tiempo, acompañado de los soberanos padres de la princesa, el rey Adrián, y su amada esposa la reina Noemí, caminando rápidamente al encuentro de la princesa Alizah con una gran sonrisa de felicidad en sus caras y una gran emoción en sus corazones; al ver a su amada hija a salvo los soberanos abrazaron a la hermosa niña al mismo tiempo los dos, reflejándose en su noble rostro el amor que sentían por su pequeña hija, ella también los abrazó fuertemente diciéndoles cuánto los quería y lo asustada que se sentía lejos de ellos, los hermanos y el pequeño Abdiel, también, sintieron en ése momento de cuánto extrañaban y amaban a sus padres, haciendo una muda plegaria con todo su corazón, pidiéndole a Dios les permita verlos un día no muy lejano; después de pasado el emotivo encuentro la princesa Alizah les dijo a sus nobles padres, ……gracias a ellos,… y volteó a mirar a los hermanos, al pequeño Abdiel, y al venerable anciano, ……es que estoy aquí, porque ellos amablemente me ayudaron a encontrar la manera de llegar hasta aquí,… el rey los miró agradecido y les dijo con una amable sonrisa, …les suplico entren a mi casa, y acepten compartir nuestros alimentos con ustedes, nosotros nos disponíamos a comer, pero no teníamos apetito por la pena de no saber dónde estaba nuestra pequeña hija,…… sintiendo ellos mucha vergüenza, por no estar vestidos a la altura de los soberanos, expresaron las gracias diciendo que no era posible, pero los reyes insistieron hasta convencerlos, después de pasar al majestuoso castillo, la princesa Alizah tomó la mano del pequeño Abdiel, y sin ellos pensarlo se sentaron muy juntos en el gran comedor, los soberanos padres al verlos sonrieron a sus invitados, comprensivos, y ellos avergonzados correspondieron la sonrisa, los reyes inmediatamente dieron las gracias a Dios por los alimentos que tenían en el gran comedor, y porque su pequeña hija estaba de nuevo a salvo con ellos. Enseguida les sirvieron las más ricas viandas que habían comido en toda su vida, al terminar el rey se dirigió al venerable anciano diciendo amablemente, ……espero acepte una medalla de honor que quiero darle en agradecimiento por traerme a mi amada hija sana y salva,…… el venerable anciano le contestó rápidamente, …no soy yo el que la merece, fué él,… dijo, dirigiéndose al pequeño Abdiel, … quien encontró a su pequeña hija,...... el rey se encaminó hacia el pequeño Abdiel, y solemnemente le puso una medalla en el cuello, diciendo a continuación con emoción en su voz, ... desde este día y a esta hora, estoy en deuda contigo, y vienes a ser como otro hijo para mí, lo que tú quieras se te concederá, solamente tienes que pedírmelo,...... el pequeño Abdiel dió las gracias haciendo una leve reverencia; la hermosa princesita se puso muy contenta al escuchar las palabras de su amado padre, y sin que el pequeño Abdiel lo esperara, le dió un sonado beso en la mejilla echándose a correr enseguida hacia sus habitaciones, el pequeño enrojeció como la grana de vergüenza, y poco después se despidieron de los nobles soberanos, agradeciéndoles por todas sus bondades para con ellos, el rey Adrián y su amada esposa Noemí, les contestaron, ...nosotros somos los que estamos en deuda y muy agradecidos con ustedes,...diciéndoles enseguida con mucha amabilidad, ...ésta es su verdadera casa cuando ustedes lo deseen, y esperamos en Dios nuestro Señor regresen pronto a visitarnos,...... al salir del castillo real después de despedirse con todos los honores de parte de los nobles soberanos, el pequeño Abdiel volteó a ver hacia las habitaciones de la princesa Alizah con la esperanza de verla una vez más, encontrándola parada ante un gran ventanal, y diciéndole adiós con su pequeña mano, él contestó el saludo dando un gran suspiro de emoción, los hermanos y el venerable anciano cruzando sus miradas sonrieron comprensivos sin hacer ningún comentario.

CAPÍTULO

10

Caza del venado

Continuaron su camino, en busca del lugar donde les había dicho el venerable anciano, se encontraban los mejores venados de la temporada, caminando varias horas llegaron finalmente a su destino, al aproximarse a cierto lugar se detuvo y les dijo el venerable anciano muy serio, …… les voy a enseñar los grandes secretos para tener una buena, y excelente caza, ustedes solamente síganme,…dirigiéndose a los cachorros dijo, …ustedes van a buscar las huellas de los venados,… los cachorros sintiéndose muy importantes, se dieron a la tarea de buscarlas, al encontrarlas dieron unos fuertes ladridos escandalosamente, el venerable anciano los reprendió enérgicamente, diciéndoles,

…¡ eso no se hace nunca!, porque lo que van a lograr con ese gran escándalo es espantarlos,… los cachorros bajando su cabeza avergonzados, y con la mirada pidieron una disculpa al venerable anciano quién enseguida les dijo a los hermanos, …… ustedes solamente observen lo que voy a hacer,… ellos movieron solamente la cabeza, en señal de asentimiento, y el venerable anciano echándose su viejo rifle al hombro caminó sigilosamente encorvándose en su propio cuerpo, los hermanos y el pequeño Abdiel lo siguieron, haciendo lo mismo que él, y en ese preciso instante vieron una gran manada de venados muy cerca de donde ellos estaban escondidos, enseguida el venerable anciano se acomodó el arma y les apuntó con mucho cuidado, un venado grande y gordo pasaba en ese momento por la mira del viejo rifle, y él rápidamente le disparó, entonces todos los venados salieron corriendo a gran velocidad quedando solamente al que le había disparado el venerable anciano, cayendo con gran estrépito a tierra, luego se acercaron lentamente a donde estaba el gordo venado pero en ese preciso instante se vieron rodeados por muchos indios, que los veían con hostilidad y con sus arcos listos para disparar sus flechas, los hermanos y el venerable anciano se miraron unos a otros muy asustados y con un gran temor reflejado en sus rostros, el pequeño Abdiel se quedó mirándolos por un momento queriendo reconocerlos, ellos también lo miraban asombrados y al reconocerlo, se inclinaron con respeto bajando inmediatamente los arcos, diciéndole enseguida emocionados, ……gran pequeño jefe blanco, es un placer volver a verte, ¿que andas haciendo por estos rumbos?,… le preguntaron con gran alegría, contestándoles él con una sonrisa, …el placer es mío,… acercándose al gran jefe indio, y dándole un fuerte abrazo, diciéndole lo felíz que se sentía al volver a verlos; los hermanos y el venerable anciano no reaccionaron debido al susto, y a la gran sorpresa que les causó la conversación y la amistad de su pequeño hermano con los agresivos indios, el gran jefe de la tribu dando un paso al frente, le dijo al pequeño Abdiel con mucha seriedad, ……gran pequeño jefe blanco, tenemos un problema muy grande que resolver, porque ese gordo venado que está caído al frente de nosotros es nuestro, si ustedes se acercan se van a dar cuenta de inmediato que el animal tiene varias flechas de las nuestras en su cuerpo,…… entonces el pequeño Abdiel le contestó rápidamente con respeto, ……yo también quiero pedirte por favor, que mandes a alguno de los tuyos para que revisen y vean también que el venado tiene una bala de nosotros en su cuerpo,…… el gran jefe indio mandó de inmediato a uno de ellos, para que lo comprobara, regresando con prontitud el indio le dijo al Gran jefe que realmente tenía en la cabeza una bala, quedándose el Gran jefe indio pensativo un momento, para decirle enseguida al pequeño Abdiel, …nosotros estamos en una grande deuda contigo, y lo que tú decidas lo vamos a respetar, pero también te quiero decir que nosotros necesitamos la caza para poder darles de comer a nuestras familias,… el pequeño enseguida elevó sus ojos al cielo pidiéndole con fervor sabiduría y orientación a Dios, para hacer lo más justo y correcto, meditando un momento él creyó tener la solución al problema y le dijo al Gran jefe indio, ……yo pienso que lo más justo sería que si fueran dos venados uno fuera para ustedes y otro para nosotros, pero como es solamente uno lo mejor es dividirlo por la mitad, una parte para nosotros y la otra para ustedes,… estando ellos de acuerdo, ya que les parecía una buena y justa solución, se acercaron enseguida el pequeño Abdiel con el venerable anciano y sus hermanos, para comunicarles el acuerdo que hicieron, viéndolo con gran respeto y admiración, por la sabiduría y la inteligencia de su pequeño hermano, entonces el Gran jefe indio les hizo una ligera señal con los ojos a sus compañeros, y los indios rápidamente con una maestría innata en ellos, cortaron el venado por la mitad, entregándole la parte correspondiente al venerable anciano. La tribu entera estaba muy satisfecha con el arreglo que habían hecho, y cortésmente los invitaron a compartir con ellos sus sagrados alimentos, el venerable anciano y los hermanos del pequeño no quisieron aceptar la invitación, ya que lo que más deseaban en sus nobles vidas era alejarse lo más pronto posible, porque estaban realmente atemorizados y nerviosos al ver tantos indios junto a ellos, pero el pequeño Abdiel les explicó que si no aceptaban, sus amigos indios se podrían sentir ofendidos, así es que no les quedó otra alternativa que la de aceptar, mientras tanto, las mujeres de los indios que se habían puesto rápida y diligentemente a preparar la carne, ya tenían grandes porciones cocinadas, despidiendo un delicioso olor, puesto que ellas llevaban sus propios aderezos, para darle un sabor exquisito a sus cocimientos, y por ser los invitados de honor les sirvieron primeramente a ellos en unos grandes tazones de madera, esperando educadamente les sirvieran a todos, para empezar a comer juntos; la carne se les deshacía en la boca de lo suave y deliciosa que estaba, y ellos comieron gustosamente sin dejar nada en el plato de madera, viendo los indios con satisfacción que les había gustado su deliciosa comida, dándoles las gracias por ello, entonces el venerable anciano y los hermanos dijeron al pequeño Abdiel, que les expresara en su nombre lo agradecidos que estaban por su amable invitación a compartir sus deliciosos alimentos con ellos, después de traducirles el pequeño Abdiel lo que dijeron sus hermanos y el venerable anciano, se despidieron, poniéndose de pie y preparándose para marcharse. El Gran jefe se acercó al pequeño Abdiel y le dijo solemnemente dándole un fuerte abrazo, y poniendo la mano en el lado del corazón, ……desde éste preciso instante no eres solamente Gran Pequeño Jefe Blanco, ya que te has ganado nuestra admiración y nuestro respeto, desde hoy eres Gran Pequeño Hermano Jefe Blanco, y espero en los Dioses que nos volvamos a ver muy pronto,……luego se despidió la tribu entera haciéndole una leve inclinación de respeto al pequeño Abdiel; el venerable anciano los hermanos y él les devolvieron la inclinación en señal de respeto y enseguida se marcharon.

Los hermanos y el venerable anciano miraban al pequeño Abdiel con admiración y gran respeto, todavía no saliendo de su asombro por la inteligencia y sabiduría con la que había solucionado todo el problema al retirarse de la tribu de indios, poco después se turnaban cordialmente para llevar la mitad del venado, ya que como era muy grande y gordo estaba muy pesado, por un tiempo lo llevaban Ross y Josem, y cuando se cansaban se lo daban por cortos periodos al pequeño Abdiel y al venerable anciano, dirigiéndose al frente caminando contentos y felices, pensando que gracias a Dios ya iban de regreso, avanzaron por varias horas sin detenerse porque querían llegar lo más pronto posible a casa donde los esperaba la venerable anciana Bitya, cuando empezaba a ocultarse el sol les dijo el venerable anciano, ……hasta aquí llegamos, vamos a dormir porque ya venimos cansados y éste me parece un buen lugar para descansar,…… se prepararon sus alimentos después de encender una fogata en un lugar donde habían frondosos árboles con ramas muy altas y les dijo nuevamente el venerable anciano, ……aquí vamos a poner la carne de venado, para que no se la lleve algún animal carnívoro que pueda venir a sorprendernos durante la noche,…… una vez acomodada en las altas ramas se quedaron mucho más tranquilos y se dispusieron a comer, al terminar sus alimentos se recostaron en el pasto quedándose dormidos inmediatamente debido al cansancio que tenían, cuando ya llevaban unas cuántas horas durmiendo, el pequeño Abdiel despertó al escuchar unos leves murmullos, viendo junto a la carne del venado un grupo de pequeños roedores que estaban robando la carne, levantándose rápidamente y preguntando enérgicamente, ……¿qué están haciendo?, ¿qué no saben es malo tomar lo que no les pertenece?,… ellos asombrados le dijeron, ...¡puedes hablar como nosotros!, y a continuación le contestaron avergonzados con las cabezas inclinadas, ...perdón, pero es que tenemos mucha hambre,... le dicen lastimeramente, ...es que déjanos explicarte primero lo que nos pasó,... el lugar donde vivíamos se quemó, alguien que es como tú le prendió fuego irresponsablemente, y murieron todos los nuestros,...... le dicen muy tristes, ...solamente quedamos nosotros y no encontramos que comer, es por eso que íbamos a tomar sólo un pequeño pedazo de carne para que ustedes no lo notaran,...... al pequeño Abdiel le produjo mucha lástima y ternura al escucharlos hablar tan tristes, y les cortó una buena porción, diciendo con mucha amabilidad, ...vayan hacia allá,... señalándoles al frente del lugar de dónde ellos estaban, ...y allí van a encontrar un excelente lugar, donde abunda fruta silvestre todo el año y no les va a faltar de comer nunca, los pequeños roedores agradecidos, y contentos, se marcharon con su porción de carne en sus espaldas hacia donde les había indicado el pequeño Abdiel.

A la mañana siguiente el venerable anciano y los hermanos al levantarse de sus lechos se dieron cuenta de inmediato que le faltaba carne a la mitad del venado, y le preguntaron al pequeño Abdiel intrigados, si no sabía que sucedió con la carne faltante, el pequeño les contó detalladamente lo acontecido durante la noche con los pequeños roedores, y ellos una vez más se asombraron de la bondad del pequeño Abdiel, el venerable anciano le dijo entonces, que hizo muy bien al ayudar a los hambrientos roedores y a continuación prepararon su desayuno para seguir viaje, al terminar recogieron todas sus pertenencias y reanudaron su marcha rumbo a casa, al medio día llegaron al lugar donde el caballo blanco se había unido a la manada sin ver ninguna señal de ellos, los hermanos preguntaron al venerable anciano Hilyan, ...¿ hacia donde se marcharían?... y él contestó, ...seguramente a dónde hay más pasto y agua en abundancia......

CAPÍTULO

11

La inundación

Al atardecer del día llegaron a la orilla del profundo y ancho río dónde se quedaron a descansar cuando empezaron su largo viaje, y allí se quedaron a dormir, tenían aproximadamente unas cuatro horas durmiendo, cuando el pequeño Abdiel quién realmente tenía el sueño muy ligero, escuchó un aleteo de muchas aves a lo lejos que se acercaban directamente hacia donde se encontraban ellos descansando, y enderezándose rápidamente de su lecho, vió que quienes se acercan eran sus amigas águilas con muchas otras águilas, gritando con gran estruendo despertando también al venerable anciano y a los hermanos, al estar la mamá águila junto al pequeño, les dijo presurosa que debían marcharse de ése lugar inmediatamente, porque se aproximaba una creciente muy grande río arriba, ya que había llovido mucho en las altas montañas e iba a inundar todo ese gran valle donde estaban ellos acampados, y que buscaran el lugar más alto que pudiera para que se protegieran de la gran inundación que se avecinaba, porque todo lo que ellos veían en ése momento alrededor iba a desaparecer en muy poco tiempo, pidiéndoles se apresuraran a recoger todas sus pertenencias, inmediatamente y con rapidéz se alejaron del lugar, dándoles las gracias a las amigas águilas por su oportuno aviso, ellas al ver que la gran inundación se acercaba, muy próxima al pequeño Abdiel y sus acompañantes, tomaron en sus garras las bolsas de viaje que ellos llevaban, para que corriesen más rápido, pero viendo que no iban a lograrlo, con un gran esfuerzo los levantaron con sus fuertes garras con todo y la mitad del venado que llevaban, tomando el venerable anciano en sus brazos al cachorro Sombra, y el pequeño Abdiel al cachorro Luz, era un espectáculo maravilloso y digno de verse si alguien lo hubiera podido presenciar en ése momento, las hermosas águilas con su enorme carga a cuestas volando majestuosas sobre el agua. Al llegar a una alta colina los bajaron lenta y suavemente poniéndolos a salvo, el pequeño Abdiel, el venerable anciano, y los hermanos les dieron las gracias emocionados, y agradecidos por su valiosa ayuda, pasando el resto de la noche despiertos por el gran susto que se habían llevado. A la mañana siguiente miraron asombrados hacia el valle donde habían estado durmiendo la noche anterior, viendo todo inundado de agua y una destrucción enorme, con los árboles todos caídos, pensando con seguridad que si no hubiera sido por la oportuna advertencia de las amigas águilas, no estarían vivos en ese preciso momento, y agradeciendo nuevamente a las águilas que se habían quedado cerca de ellos para cuidarlos durante el resto de la noche, entonces la mamá águila le dijo cariñosa al pequeño Abdiel, ...nosotras te prometemos, que siempre vamos a estar cerca de tí para protegerte y cuidarte,... emprendiendo enseguida su majestuoso vuelo y perdiéndose rápidamente en las alturas, y ellos reanudando otra vez su marcha caminaron durante todo el día, cuando ya empezaba a caer la noche divisaron su hermosa y humilde casita, muy contentos se apresuraron a llegar, la venerable anciana Bitya los vió acercarse a lo lejos y al llegar, los esperó con una rica sopa de verduras, un guisado de carne y un delicioso pastel, al entrar a la casa se dieron un fuerte abrazo y un beso con mucho cariño y ternura en sus corazones, diciéndole cuánto la extrañaron, lo mucho que la querían, y lo felices que estaban al encontrarse de regreso en casa, después de cenar ella les pidió ansiosamente le contaran todas las aventuras que habían pasado, y así reunido todos alrededor de la mesa procedieron a narrarle detalladamente todo lo acontecido en su largo viaje, escuchándoles la venerable anciana Bitya con mucha atención, e interrumpiendo de vez en cuando para preguntarles algo que a ella le parecía más interesante, quedándose muy emocionada al contarle lo que les pasó con las amigas águilas, su valiosa ayuda, y la gran inundación que vivieron; al terminar de decirle todo lo que les había sucedido, y como estaba muy calurosa la noche, el pequeño Abdiel invitó a sus amados hermanos amablemente a bañarse en el arroyuelo que pasaba cerca de la casa, aceptando ellos contentos y dejando a los venerables ancianos platicando entusiasmados todavía de las novedades que habían pasado en el largo viaje. Los hermanos y el pequeño Abdiel después de disfrutar de un agradable baño en el riachuelo, se regresaron a la casa sintiéndose frescos y descansados, disponiéndose a dormir después de darles las buenas noches a los venerables ancianos, y agradeciéndoles una vez más por ser tan bondadosos con ellos, los venerables ancianos les respondieron de inmediato cariñosamente, que ellos eran los agradecidos por tener su agradable compañía, y durmieron felices plácidamente.

CAPÍTULO

12

Los osos

A la mañana siguiente muy temprano los despertó un angustioso grito de la venerable anciana Bitya, se enderezaron de sus lechos rápidamente, asustados y alarmados, y se fueron directamente hacia el lugar de donde procedía el angustioso grito, llegando al mismo tiempo que el venerable anciano Hilyan a la huerta de vegetales, ya que la venerable anciana estaba cortando vegetales para preparar el desayuno, lo que vieron los dejó sorprendidos, porque un enorme y furioso oso estaba muy cerca de la venerable anciana Bitya con sus enormes fauces abiertas y amenazadoras, gruñendo fuertemente, entonces el pequeño Abdiel sin pensarlo mucho se acercó rápidamente a la venerable anciana, para protegerla, y abrazándola le habló lenta y amablemente al enorme y furioso oso para tranquilizarlo sin lograrlo, los hermanos y el venerable anciano no podían reaccionar debido al susto que sentían pensando alarmados que en cualquier momento el furioso y enorme animal terminaría con la preciosa vida de la venerable anciana Bitya; el pequeño Abdiel le hablaba al oso con mucha calma preguntándole, ...¿qué es lo que deseas?, ¿ en qué te podemos ayudar?,...... y suplicándole pausadamente no vaya a dañar a la venerable anciana, porque él la amaba en gran manera, el furioso animal le contestó con un fuerte y agresivo gruñido, ... yo no quiero, ni deseo hacer daño a ninguno de ustedes, lo que me agobia y molesta,... le dijo al pequeño, ...es que tengo una pata herida porque una mala persona, me disparó una bala y me duele mucho, y me acerqué a ustedes en busca de ayuda,...... el pequeño Abdiel con mucho tiento le preguntó, si permitía que lo revisara la venerable anciana, porque ella sabía mucho de plantas medicinales, el furioso oso le contestó de inmediato, ...lo que más me está molestando, es el fuerte dolor que siento en mi pata herida,...... el pequeño les iba diciendo detalladamente todo lo que estaban hablando entre él y el enorme animal, para tranquilizar a los venerables ancianos y a sus amados hermanos, la venerable anciana Bitya ya más tranquila, viendo que no había nada que temer del enorme y furioso animal, se fué inmediatamente a la casa para cocerle las plantas medicinales apropiadas y así quitarle el fuerte dolor al oso; mientras tanto el pequeño Abdiel le preguntó al enorme oso, si permitía que lo revisara el venerable anciano, y se acercara para verle la dolorosa herida en la pata, porque él estaba temiendo que todavía tenía la bala incrustada, el enorme animal dió su consentimiento y el pequeño le pidió con respeto al venerable anciano, que por favor se acercase para que le viera la herida; el venerable anciano Hilyan todavía receloso y con cierto temor, se acercó y después de revisarle la pata herida detenidamente, dijo al pequeño Abdiel que gracias a Dios la bala había salido y no había ningún peligro, en ese preciso momento se acercó la venerable anciana con un enorme tazón, con el cocimiento preparado para quitar el fuerte dolor, y se lo dió al pequeño Abdiel para que éste le alcanzara al enorme oso, porque ella todavía sentía temor de acercarse mucho al enorme y furioso animal; lo tomó con sus dos manos el pequeño Abdiel, ya que estaba muy grande para sus pequeñas manos, y se lo entregó al enorme oso, quién lo agarró con ansiedad con la pata sana, y se tomó todo el cocimiento apresurado.

El enorme oso seguía platicando ya más tranquilo con el pequeño Abdiel, diciéndole orgulloso que tenía una hermosa compañera, y tres pequeños cachorros que les habían nacido tres meses antes, que vivían felices y tranquilos sin hacerle daño a nadie, en una cueva no muy lejos de donde ellos estaban, además le dió señales al pequeño Abdiel de como llegar a su hogar y esperaba que los visitara cuando él quisiera, que siempre sería bienvenido a su cueva, y que él quería que conociera a su gran familia; de pronto le dijo el oso asombrado, que ya no sentía ningún dolor e inmediatamente les dió las gracias por su valiosa ayuda, y se despidió para ir a reunirse con su amada familia diciéndole, ……si un día me necesitas no dudes en llamarme,… el pequeño contestó, …así lo haré,… y se retiró a grandes pasos dándoles una vez más las gracias, poco después de que se marchó el enorme animal, entraron todos a la casa para ayudar a la venerable anciana a preparar el desayuno, todavía un poco asustados y platicando todo lo que les había sucedido con el enorme oso.

Después de terminar de desayunar el venerable anciano les dijo a los hermanos que el quería que lo ayudasen a cortar madera en el bosque para hacer la ampliación necesaria de la casa lo más pronto posible, al terminar su nutritivo desayuno se marcharon apresurados con una filosa hacha cada uno en el hombro, silbando todos ellos a coro una alegre melodía que habían escuchado en el castillo real donde vivía la princesa Alizah, al acordarse de ella el pequeño Abdiel inconscientemente se tocó la medalla de honor que le puso el rey en su cuello tiempo atrás, y le invadió una gran nostalgia de verla una vez más, pero se dió cuenta que eso no era posible, porque estaban muy lejos uno del otro, y pensando en ella llegó al lugar donde el venerable anciano les había indicado, cortó la madera con toda la rapidéz que le permitían sus pequeñas fuerzas, trabajaron todo el día, al caer la tarde el venerable anciano Hilyan les dijo, ... es suficiente lo que hicimos por este día, además no quiero dejar a la venerable anciana Bitya tanto tiempo sola, mañana si Dios lo permite continuamos cortando madera,......así lo hicieron, y regresaron a casa, al llegar, la venerable anciana como era su costumbre ya les tenía preparada su deliciosa cena, comiendo con gran apetito por el trabajo muy duro que habían realizado durante todo el día, luego de terminar con sus alimentos y dándole las gracias a la venerable anciana se fueron a dormir, después de hacer sus oraciones agradeciendo a Dios por lo bondadoso que era con ellos, se quedaron dormidos, sabiendo que les esperaba otro día de duro trabajo. Los hermanos de Abdiel al quedarse dormidos soñaron con sus amados padres después de tanto tiempo sin saber de ellos, y ellos en sueños les pedían que por favor cuidaran mucho a su pequeño hijo, el sueño fué tan real que al despertar no estuvieron seguros de que lo hubieran soñado, sino más bien ellos sintieron como un mensaje que les enviaban sus amados padres, ya que al comentarlo entre ellos, al día siguiente, analizaban que no era posible soñar los dos al mismo tiempo, el mismo sueño, quedándose muy preocupados, pero haciéndose uno al otro la firme promesa de cuidar más a su pequeño hermano, levantándose muy temprano, escuchando a la venerable anciana que ya se encontraba preparándoles su desayuno, y después de darse su baño diario, se acercaron a la cocina, dando los buenos días cariñosamente, la venerable anciana les sirvió unas enormes tazas de un té que les prepara todas las mañanas y que les sabía muy delicioso, con unos ricos panecillos recién horneados, al terminar de desayunar se marcharon al bosque a cortar más madera con mucho entusiasmo, porque querían agradar a los venerables ancianos por lo bondadosos que estaban siendo con ellos.

CAPÍTULO

13

Las ardillas

Josem al ver un árbol muy grande le dijo a Ross con entusiasmo, …¡ése!… señalándolo, …me gustaría que me ayudaras a cortarlo porque se ve que tiene muy buena madera,… se acercaron los dos con el hacha preparada cuando en ese preciso momento salió una pequeña ardilla apresuradamente por un hueco que tenía el enorme árbol, y gritando con gran voz les dijo que por favor les imploraba no cortasen su casa, los hermanos solamente escuchaban sonidos incomprensibles, y cuando ya estaban a punto de darle el primer golpe al árbol, el pequeño Abdiel que escuchó a la ardilla, les dijo a sus amados hermanos que por favor no cortasen el árbol, ellos sorprendidos le preguntaron, ……¿ qué pasa?,… el pequeño entonces les contestó diciendo que, esa ardilla les estuvo pidiendo que en ese gran árbol tenía su casa con sus pequeñas ardillas que apenas nacieron el día anterior, y les estaba suplicando que no le fueran a cortar su amada casa ya que sus pequeñas crías y ella no tendrían a donde ir; los hermanos algo extrañados, pidieron al pequeño Abdiel le dijera a la mamá ardilla los disculpe porque no entendían lo que ella les decía, el pequeño explicó a la mama ardilla y ella muy agradecida les dió las gracias por respetarle su amada casa, y enseguida los hermanos se retiraron a cortar otro gran árbol, tocando, revisando primero para no sorprender a otra familia de pequeñas ardillas, y así continuaron trabajando por cuatro largas semanas sin más interrupciones. Al terminar de cortar la madera necesaria para llevar a cabo su proyecto, empezaron a trasladar el material con mucho esfuerzo y dedicación; la madera era muy pesada y ellos se encontraban muy cansados porque la casa estaba un poco retirada del lugar de trabajo, cuando en ese preciso momento apareció el enorme oso con su gran familia, quién los había estado observando desde que empezaron a trabajar y al ver que necesitaban ayuda se acercó, poco después de presentarles a su compañera y a sus pequeños cachorros les dijo amablemente si les permitían ayudarlos, aceptando ellos agradecidos la ayuda, ya que de lo contrario tardarían varios días en llevarla hasta la casita, y así, con la valiosa ayuda y la enorme fuerza de los osos terminaron el traslado más rápido de lo que esperaban. El pequeño Abdiel les dió las gracias a nombre de todos por su gran ayuda, y al terminar los enormes osos se marcharon satisfechos y felices porque les permitieron demostrarles su agradecimiento, no sin antes decirle el enorme oso al pequeño Abdiel, que cuándo lo necesitaran él estaba dispuesto a ayudar con mucho gusto.

Al día siguiente y con la guía del venerable anciano procedieron a construir la ampliación de la casa, querían hacer tres habitaciones con un baño; el venerable anciano tenía grandes conocimientos para construir lo que se proponían, así es que los hermanos lo obedecían en todo lo que él les ordenaba hacer y así trabajando en mucha armonía adelantaron rápidamente su obra; todos los días veían con orgullo lo hermosa que iba quedando la casa, mientras tanto a varios días de distancia en el castillo real donde vivían el Rey Adrián, la Reina Noemí, y la pequeña Princesa Alizah había un gran movimiento, mucha alegría y entusiasmo, todos estaban muy contentos y felices por el gran acontecimiento, los nobles soberanos esperaban con gran emoción a unos primos muy queridos por todos ellos que llegaban precisamente ese gran día, eran unos nobles Duques de un lejano país llamado Zaquizamí, quienes los iban a visitar después de no verse por largo tiempo, ellos tenían un gran palacio, los nobles Duques eran inmensamente ricos y poderosos, siempre se habían tenido mucho cariño y una relación muy cercana los unos con los otros ya que eran los que se visitaban más frecuentemente; toda la corte con su servidumbre estaba al frente del castillo real a la espera del carruaje de los nobles Duques, con una gran alfombra roja que cubrían todas las escalinatas del castillo real, ya que los nobles personajes que llegaban ese día eran de gran importancia para los soberanos, al llegar el elegante carruaje con los visitantes de Zaquizamí se escuchó una gran ovación de bienvenida, los duques dieron las gracias por su amabilidad con una gran alegría reflejada en sus nobles caras al ver la gran bienvenida que les tenían preparada los soberanos del castillo real, a continuación se bajaron del carruaje, primero, el noble Duque Daniel vestido pulcro y elegante, y enseguida con una pequeña inclinación le dió la mano caballerosamente a su amada y hermosa esposa, la Duquesa Rebeca para ayudarla a bajarse del elegante carruaje, inmediatamente bajaron dos preciosísimas duquesitas con unos vestidos espectaculares, todos se quedaron asombrados de la gran belleza de ellas, y sin excepción dieron una ovación más fuerte que la anterior. Las bellas jovencitas agradecieron la bienvenida con una gran sonrisa dibujada en sus hermosísimas caras, eran unas jovencitas muy sencillas a pesar de la gran belleza que poseían el nombre de la duquesita mayor era Joselyn, y el nombre de la duquesita menor era Priscilla, inmediatamente hicieron una gran caravana de bienvenida, y los músicos tocaron una hermosa melodía, poco después los duques de Zaquizamí subieron la escalinata lentamente con una elegancia innata en ellos, saludando a su paso a todos con la mano, con mucha amabilidad, y al llegar hacia dónde los soberanos esperaban, se dieron un cariñoso abrazo, pasando inmediatamente todos juntos al castillo y dirigiéndose al gran comedor donde los esperaban las más ricas viandas, que habían, y los vinos más finos que tenían en las bodegas del mismo, procedieron a acomodarse en el enorme comedor, a la cabecera estaban los Reyes, los Duques al otro extremo, las Duquesitas Joselyn Priscilla y la pequeña Princesa Alizah, al servirles los deliciosos alimentos inclinaron todos la cabeza con gran respeto haciendo una ferviente oración dando gracias a Dios por su bondad, por permitirles llegar con bien de su largo viaje, y por los alimentos que tenían en su mesa; comieron con gran apetito haciéndole honor a la deliciosa comida, al terminar de comer pasaron enseguida al salón a tomar un delicioso vino, y a comentar las novedades que les habían pasado durante el largo viaje, las bellas duquesitas y la princesita Alizah subieron a sus habitaciones, ya que a las jovencitas no les permitían escuchar la conversación de los mayores.

El Duque Daniel entonces, al quedar solos, preguntó preocupado al rey Adrián, ...¿ dime por favor si de verdad no te incomodamos con nuestra presencia, ya que el principal motivo de nuestra visita es porque a nuestro palacio de Zaquizamí le están haciendo unos arreglos muy importantes,... el rey Adrián le contestó con mucha amabilidad, ...de ninguna manera, el castillo real es también su casa, y les pido disponer de él de la manera que ustedes deseen, y el tiempo que sea necesario,... expresándole a continuación que ellos estaban muy felices por su amable visita, y preguntando a su vez, ... quisiera, si estás de acuerdo hiciéramos una gran fiesta para darles la bienvenida a ustedes, y presentar a tus amadas hijas a la corte, a los condes, y duques de nuestra extensa región;...... los nobles padres de las bellas duquesitas agradecidos dijeron, ...son muy amables, por su hospitalidad,...además expresaron que estaban de acuerdo, porque en su palacio no habían tenido la oportunidad, ni el tiempo, debido al trabajo de refacción que estaban realizando en el palacio, y además les dijo el Duque Daniel, que ya era tiempo de presentar a sus amadas hijas las duquesitas, a la corte.

Mientras tanto ellas se reunieron a platicar con gran entusiasmo de sus cosas, y aunque eran de diferentes edades tenían mucha comunicación y muchas cosas en común, la princesa Alizah era muy inteligente y trataba de que sus bellas primas se sintieran como en su casa, ellas agradecidas por su cortesía le dijeron que esperaban que ella las fuera a visitar después por un tiempo a su palacio, para corresponderle su bondad para con ellas, luego de descansar unas horas salieron al jardín a pasear, el tiempo transcurrió rápidamente, todos estaban muy felices y contentos; al llegar la noche se retiraron a sus habitaciones a descansar, después del largo viaje.

A la mañana siguiente las jovencitas se levantaron emocionadas muy temprano, Joselyn, Priscilla, y Alizah querían montar por los alrededores del castillo real, en unos hermosos caballos que el rey Adrián les había regalado el día anterior como presente de bienvenida, al alejarse un poco corrieron en lomos de sus caballos por el campo, ondeando al aire sus hermosos y largos cabellos rubios, los reyes y los duques sintieron un gran orgullo en su corazón al tener unas hijas tan excelentes amazonas, y además muy hermosas, así transcurrieron varios días y al fin llegó la fecha de la gran fiesta que habían preparado en honor de las bellas y hermosas duquesitas; al atardecer del gran día al frente del castillo real estaban los más lujosos carruajes de los nobles que acudieron curiosos para conocer a los duques, y a sus preciosas hijas ya que se había extendido la noticia de la enorme belleza de ellas, el salón estaba lleno de los personajes más destacados y bien vestidos de los alrededores, esperando con ansiedad que bajaran las bellas duquesitas y la pequeña princesa Alizah.

CAPÍTULO

14

Los Duques de zaquizamí

Al aparecer ellas en las escalinatas se escuchó una exclamación unánime de admiración de todos los invitados, al verlas decían que parecían unos verdaderos ángeles, con sus hermosos vestidos de colores muy tenues, Joselyn, Priscilla, y Alizah bajaron lentamente los escalones, saludando a los invitados con una gran sonrisa en sus hermosas caras, todos los jóvenes querían estar cerca de las bellas duquesitas, pero a ellas no les interesaba ni les gustaba ninguno de los jóvenes que las rodeaban, porque les parecían muy inmaduros en su conversación y además muy fatuos, un joven muy buen mozo se acercó a ellas con rapidez, para invitar a la hermosa Joselyn a bailar con él, pero iba tan nervioso que no vió un pequeño escalón al frente de su camino, cayendo estrepitosamente al piso, ocasionando que toda la concurrencia volteara a verlo, pero como todos eran muy educados nadie hizo comentario alguno, a él le dió mucha vergüenza, levantándose lo más pronto que pudo y discretamente se retiró sin intentar acercarse a las bellas jovencitas, y así transcurrió la noche.

Al llegar las doce de la noche las bellas damitas sintiéndose muy cansadas, pidieron permiso a sus amados padres para retirarse, se dirigieron a sus habitaciones, despidiéndose de los invitados apresuradamente, para que no las detuviesen los jóvenes que las habían asediado toda la noche, porque ninguno de ellos les pareció lo suficientemente interesante.

Ya en sus habitaciones se vistieron con sus pijamas de seda y se dispusieron a dormir por todo el cansancio que llevaban. A la mañana siguiente salieron preparadas con su ropa de amazonas para hacer lo que más les gustaba, montar y galopar en lomos de sus caballos, los padres viéndolas salir les hicieron toda clase de recomendaciones, diciéndoles que no querían que se alejasen demasiado del castillo real ya que era peligroso, ellas prometieron no retirarse mucho y los padres se quedaron más tranquilos, al llegar las bellas jovencitas a un lago de cristalinas aguas vieron a unos jóvenes nadando completamente desnudos, ellas avergonzadas discretamente se alejaron del lugar antes que los jóvenes las vieran, después de pasear por un tiempo, regresaron al castillo real, y al pasar por un hermoso valle lleno de flores de todas las variedades existentes, vieron a una blanca paloma mensajera caída a un lado del camino con una ala que parecía estaba rota, se bajaron apresuradas de los caballos para darle auxilio, y llevarla al castillo real para curarla, la pequeña Alizah la tomó amorosamente en sus pequeñas manos, y subiendo a los caballos galoparon al castillo real llegando rápidamente; los padres ya las esperaban a la entrada, porque estaban muy preocupados por su tardanza, las bellas jovencitas al encontrarse frente a sus nobles padres les enseñaron a la paloma mensajera preguntándoles con tristeza si la podían curar, el rey la tomó en sus manos y les dijo para tranquilizarlas, ...no se preocupen ya que la paloma mensajera en realidad no está muy lastimada, solamente está muy cansada y tiene una pequeña herida, y muy pronto estará bien,... al revisarla cuidadosamente vieron que llevaba un mensaje en el ala sana, y tomándolo en sus manos procedieron a leerlo, cuando se dieron cuenta de inmediato que venía de

Zaquizamí, del palacio del duque, y lo que venía escrito en la misiva era que ya habían terminado los arreglos que le estaban haciendo al palacio real, y firmaba atentamente el secretario del duque, diciéndoles en la carta que los estaban esperando ansiosamente. Los reyes se pusieron muy tristes al saber lo que decía el mensaje, porque estaban felices y muy contentos con su visita en el castillo, ya que era raro que llegaran a visitarlos los familiares porque vivían a mucha distancia unos de otros, y menos en tan grata compañía como la de ellos, los duques tenían una gran bondad en su noble corazón, el Duque Daniel le palmeño entonces la espalda y le dijo al rey Adrián consolándolo con cariño, ……no te preocupes que ahora a los que les corresponde visitarnos en nuestro palacio es a ustedes, así es que los vamos a estar esperando,…… y poco después de ésta conversación subieron los duques a sus habitaciones, para prepararse a iniciar el largo viaje de regreso, los criados con prisa pusieron el equipaje en el elegante carruaje y cuando todo estuvo listo se despidieron cariñosamente, dándoles las gracias por su hospitalidad y su bondad para con ellos, el rey Adrián dándoles un fuerte abrazo, muy emocionado, les dijo que eran ellos quienes estaban agradecidos por su agradable visita y esperaban muy pronto los volvieran a visitar de nuevo; la princesa Alizah y las bellas duquesitas Joselyn y Priscilla se dieron un abrazo muy fuerte, con mucho cariño, y lágrimas en sus hermosos ojos, prometiendo visitarse muy pronto, porque se iban a extrañar mucho, y poco después de la emotiva despedida se marcharon los duques rumbo a su palacio de Zaquizamí, esperándoles varios días de largo viaje.

En ese preciso momento pero a varios días de distancia por otro lado, rumbo al bosque estaban el pequeño Abdiel y sus hermanos, viviendo con los venerables ancianos a quienes les faltaban muy pocos días para terminar de ampliar su casa y aunque habían trabajado muy duro estaban felices con su esfuerzo al ver su trabajo casi terminado, era toda una obra de arte como les iba quedando, llevaban mucha prisa porque querían terminarla para el cumpleaños del pequeño Abdiel, que en pocos días cumpliría siete años, y deseaban hacerle una gran fiesta sorpresa.

Al llegar el día del cumpleaños del pequeño Abdiel, los venerables ancianos, temprano en la mañana le sugirieron amablemente que si quería podía salir a caminar por las cercanías del lugar, él y sus cachorros, para así ellos tener el tiempo suficiente para preparar la gran fiesta sin que él se diera cuenta, entonces el pequeño Abdiel salió muy contento a pasear ya que tenía varios días sin poder ir a caminar por el trabajo que había en la construcción de la casa, y caminaron felices por un apartado lugar que el todavía no conocía, porque no había tenido el tiempo suficiente de explorarlo debido a las ocupaciones en la casa, avanzaron por un largo trecho sin darse cuenta que se alejaban de la casa, los cachorros que ya no estaban tan pequeños, porque habían crecido mucho, iban delante de él moviendo su rabo alegremente, explorándolo todo con curiosidad.

CAPÍTULO

15

La cueva de diamantes

De pronto el cachorro Luz se detuvo súbitamente en determinado lugar, y sin razón aparente empezó a ladrar fuertemente, el pequeño Abdiel alarmado creyendo que se trataba de algún animal dañino preocupado se acercó a él y le preguntó, ...¿qué es lo que te pasa?...... el cachorro Luz le pidió que se inclinara para que viera lo que él estaba viendo, el pequeño Abdiel hizo lo que le pidió y grande fué su asombro al ver una gran entrada de una cueva, muy disimulada con plantas y matas, el pequeño retirando con prontitud las plantas que estaban a la entrada, se introdujo con precaución dándose cuenta que era una enorme cueva; caminaron un largo trecho adentrándose cuidadosamente, observando todo a su alrededor, asombrado y maravillado, con los ojos a punto de salirse de sus órbitas por la sorpresa al ver la majestuosidad de la misma; el pequeño Abdiel y los cachorros tuvieron que parpadear varias veces, porque había un gran brillo preveniente de adentro debido a que estaba toda cubierta de estalactitas y estalagmitas, pero además tenía una gran cantidad de diamantes de diferentes tamaños, debiéndose a eso su enorme brillo, el pequeño jamás se imaginó que existiera algo tan maravilloso sobre la faz de la tierra, recuperándose un poco de la gran sorpresa que sentía interiormente al ver esa maravilla de la naturaleza, empezó a explorar otras entradas que tenía la enorme cueva, descubriendo que todas tenían igual o más cantidad de estalactitas, estalagmitas y diamantes que la cueva principal, más sorprendido aún se sentó en una piedra que estaba a un lado de la enorme cueva, sin el saber que donde se encontraba sentado era un enorme diamante, el más grande que había existido hasta ése día en el mundo entero, maravillado se puso de rodillas en medio de la cueva, y dió muchas veces gracias a Dios por el inmenso regalo que le dió a conocer el día de su cumpleaños, pero el pequeño Abdiel no pensaba en el valor monetario que tenía, porque él no sabía que al descubrir esa enorme riqueza se convertiría automáticamente en el pequeño más rico que existía sobre la tierra, él sólo pensaba en la maravillosa y preciosa vista que estaba disfrutando al descubrir tan hermosa cueva; después de estar un largo tiempo embelesado mirando, les dijo a sus cachorros que era tiempo de marcharse, ya que no quería preocupar a su amada familia con su tardanza, al salir a la superficie vió que tenía más luz la hermosa cueva dentro, debido al brillo de los diamantes, que los rayos del sol, y pensando hacer de ése lugar su refugio favorito y visitarlo cuántas veces quisiera, regresó con los venerables ancianos y sus amados hermanos.

Al llegar a la casa, tuvo la intención de decirles sobre la hermosa cueva que descubrió pero al pararse en la puerta, grande fue su sorpresa al ver la casa muy adornada, con una variedad de listones, flores, y regalos por todos lados, los venerables ancianos y los hermanos al verlo entrar a la casa lo levantaron sorpresivamente en brazos, deseándole una larga vida y muchas felicidades, el pequeño estaba felíz con una inmensa alegría reflejada en su hermosa carita, y así pasaron un buen tiempo en una gran armonía, él por una u otra razón no les dijo nada del descubrimiento de la enorme y hermosa cueva, y cuando tenía una oportunidad iba y se sentaba en la piedra, que era un enorme diamante, a disfrutar de la maravillosa vista que Dios le permitía gozar, permaneciendo sentado por largo tiempo en su hermosa cueva, regresaba con los venerables ancianos y con sus amados hermanos.

Cuando las personas viven en armonía y son felices, el tiempo se pasa más rápidamente, y así se les pasó el tiempo a los hermanos y al pequeño Abdiel, llegando a transcurrir, un año, dos, tres, hasta pasar nueve años.

Los venerables ancianos aunque eran humildes tenían una educación muy elevada, ya que eran muy cultos y les enseñaron a los hermanos todos los estudios y conocimientos que tenían, haciendo bromas de lo rápido que aprendían y diciéndoles con orgullo que ya no había nada que enseñarles, porque los hermanos los habían superado en todas sus enseñanzas. Una mañana el venerable anciano los reunió en la pequeña biblioteca que tenían, donde se reunían a estudiar día tras día después de sus labores, y al estar todos juntos les dijo con mucha solemnidad, ……hijos míos, yo los apruebo desde este momento, ya ahora están ustedes preparados para enfrentar cualquier situación, y cuánto se propongan hacer en el mundo, ya que se han esforzado estudiando mucho, así es que vamos a celebrarlo en grande, desde antes de que ustedes llegaran a nuestras vidas tengo unas botellas del mejor vino, guardadas para la mejor ocasión de nuestras vidas, y estoy seguro que éste es el mejor momento para abrirlas, y celebrar con ustedes su noble esfuerzo,……saliendo enseguida el venerable anciano, y regresando poco después con ellas y solemnemente pidió a la venerable anciana que llevara cinco copas, para celebrar ese día tan importante para todos ellos, y brindando todos con gran entusiasmo y emoción, rompieron las copas al terminárseles el vino; los hermanos y Abdiel les dieron las gracias por lo bondadosos que habían sido con ellos, y enseguida les dieron un abrazo y un beso con todo el cariño y el amor que les tenían;

después de esta gran celebración la venerable anciana Bitya les preparó una comida muy especial, disfrutándola todos con gran apetito, luego de darle gracias a Dios con mucho fervor.

CAPÍTULO

16

Los quince años de la princesa Alizah

El pequeño Abdiel dejó de serlo para convertirse en un joven atractivo alto y muy apuesto, tenía la estatura de sus amados hermanos que eran muy fuertes y altos, hacía pocos días habían celebrado su cumpleaños número dieciséis, poco después del cumpleaños de Abdiel en una hermosa tarde estando sentados todos ellos en el frente de la casa descansando después de un duro día de trabajo, y disfrutando de un fresco atardecer, vieron hacia el frente de su casa que se acercaba un caballo con su noble jinete, ellos se sorprendieron grandemente ya que era poco común que alguien los visitara, al llegar el jinete se bajó del caballo y les hizo una ligera inclinación de cabeza para que ellos le dieran permiso de hablar, el venerable anciano le preguntó con cortesía y curiosidad, …… ¿en qué le podemos ayudar buen hombre?,…… el jinete rápidamente le dijo que traía un mensaje del rey, enseguida todos ellos le prestaron cortésmente toda su atención, el mensajero les dijo con mucha amabilidad, que el rey los mandaba invitar muy especialmente, a una fiesta que iban a dar en unos días más en el castillo real, porque iban a celebrar el cumpleaños de la princesa Alizah, quién en unos días más , cumpliría quince años, y ella quería muy especialmente que su compañero de baile fuese Abdiel, los venerables ancianos, los hermanos Ross, Josem, y Abdiel, se sorprendieron ante la petición de la princesa, era algo que no se lo esperaban, el venerable anciano consultando primero con Abdiel, tan solo con la mirada, y al afirmarle él con un ligero movimiento de cabeza le contestó que era un honor y aceptaron con mucho gusto la invitación, el mensajero les dijo a continuación que todavía falta algo más de un mes, así es que tenían el tiempo suficiente para prepararse, la venerable anciana con la bondad que la caracterizaba, le ofreció que pasara a comer, y el mensajero agradecido aceptó, porque realmente tenía mucha hambre y estaba muy cansado, después que terminaron de comer y descansar por un corto tiempo, el mensajero les dió las gracias por su hospitalidad, y enseguida se despidió de ellos, porque todavía tenía que visitar, e invitar a otras personas de los contornos, y le esperaba un largo camino que recorrer, en cuanto se retiró el mensajero, ingresaron apresurados todos a la casa muy emocionados, para comenzar inmediatamente con los preparativos para la gran fiesta, Abdiel les dijo a sus amados hermanos muy preocupado, que él no sabía bailar, más ellos sonrientes le dijeron que no se preocupara, porque le enseñarían, y empezaron a practicar y danzar los bailes que estaban de moda; mientras tanto la venerable anciana que era la que les confeccionaba la ropa, siendo ésta una de sus principales especialidades, porque era una gran costurera y tenía el don de hacer lo que se propusiera, muy afanosamente comenzó su gran trabajo y así pasaron los días rápidamente llegando el día del gran acontecimiento.

Abdiel se fué a despedir de su hermosa cueva y tomando un gran diamante lo puso en la bolsa de su pantalón, para llevárselo de regalo a la bella princesa Alizah, y faltando pocos días para la gran fiesta emprendieron su esperado viaje con mucho entusiasmo, cada uno de ellos llevaba sus pertenencias en una gran bolsa de viaje en la espalda, Abdiel llevaba el regalo de la princesa Alizah muy bien guardado en el fondo de su bolsa, envuelto en una hermosa piel de conejo que el mismo había curtido, pero el que él no había matado, ya que era incapáz de hacerlo, en cierta ocasión se lo había encontrado sin vida y quitándole la piel lo había preparado, porque el venerable anciano le había enseñado a preparar toda clase de pieles y todo lo que ellos sabían lo aprendieron de su gran maestro, el venerable anciano Hilyan.

Caminaron todo el día, y otro día, al atardecer se detuvieron a comer y descansar en el mismo lugar donde lo hicieron cuando iban de cacería a la orilla del ancho y profundo río, aquél lugar donde se produjo la gran inundación y también dónde las hermosas águilas levantaron el vuelo con ellos a cuestas, dándose cuenta que ya no había señales de lo sucedido, debido a que había pasado mucho tiempo la venerable anciana Bitya miró todo con mucha curiosidad ya que le parecía que antes había estado ahí, porque cuando le contaron todo lo que habían pasado, aquella vez que fueron de cacería le describieron tan detalladamente los lugares donde estuvieron, que ella sintió que ya había estado ahí, terminando de cenar Abdiel les contó a los venerables ancianos y a sus amados hermanos sobre la enorme y hermosa cueva que descubrió hacia nueve años y lo que había en ella, mostrándoles enseguida el enorme diamante que llevaba de regalo a la princesa Alizah, al sacarlo de la piel de conejo para que lo vieran el diamante brilló con luz propia y todos se asombraron grandemente al verlo; el venerable anciano Hilyan se quedó por largo tiempo muy pensativo y después de meditar, les dijo con sabiduría que tendrían que pedirle consejo al rey, porque él estaba más informado de esos asuntos que todos ellos juntos, y después de su conversación inclinaron su cabeza con devoción para darle gracias a Dios, disponiéndose a descansar tranquilamente, porque no era la temporada de lluvias y no había el menor peligro de una inundación como la que habían sufrido hace nueve años atrás, pensando en levantarse temprano porque todavía les faltaba mucho camino que recorrer.

A la mañana siguiente se levantaron muy temprano, con mucho ánimo y después de desayunar en gran armonía siguieron su camino, al atardecer de ese día llegaron al lugar donde nueve años antes se separó el caballo blanco de ellos, diciéndoles Abdiel con mucha tristeza y añoranza en su corazón, ……¿ qué pasaría con el caballo blanco, ya tenemos mucho tiempo que no sabemos nada de él, quisiera saber como está mi noble amigo, y poder verlo de nuevo, lo extraño tanto,…… dando un gran suspiro de nostalgia y enseguida como si lo hubiesen llamado con el pensamiento, en ese preciso instante por el lado Sur de donde ellos estaban, aparecieron trotando a su encuentro el hermoso caballo blanco con su larga crin, la yegua del color del trigo maduro, y una preciosa yegüita alazana, los perros Luz y Sombra salieron de inmediato a su encuentro ladrando con una inmensa alegría, embargándoles una emoción muy grande en su corazón al verlos, pero más que a todos a Abdiel, el caballo blanco se acercó a Abdiel y como saludo le dio un pequeño golpe en el pecho con su cabeza, con un alegre relincho, cayendo al suelo con gran estrépito, los hermanos y los venerables ancianos soltaron una gran carcajada al verlo caer al suelo, él levantándose rápidamente y con una felicidad muy grande en su corazón se abrazó al cuello del noble animal diciéndole cuánto lo quería y lo mucho que lo había extrañado, el caballo blanco le contestó diciéndole, que siempre estuvo cerca de él pero al ver que no lo necesitaba no se hizo presente, Abdiel le dió un ligero estirón con cariño en la hermosa y larga crin del noble animal, diciéndole con reproche que a él le habría encantado verlo, y a continuación el caballo blanco les presentó a su hermosa compañera y a su preciosa yegüita diciéndole a Abdiel, ……ellas te conocen muy bien, ya que siempre que iba a verte para saber como estabas, ellas me acompañaban,...... Abdiel se acercó a la preciosa yegüita y abrazándola del cuello cariñosamente le dijo que era muy hermosa, ella le dió las gracias por sus amables palabras, inmediatamente después el caballo blanco le dijo, ...ella no tiene todavía nombre porque te quiero dar el privilegio de que tú seas quién se lo ponga, Abdiel, quedándose pensativo por largo tiempo para encontrar un nombre apropiado; Abdiel pensaba en muchos nombres, pero ninguno de los que se le venían a su mente le gustaba para la hermosa yegüita hasta que creyó dar con el nombre apropiado y les dijo a todos para ver si estaban de acuerdo, me gustaría que la llamáramos Querubina, ...¿qué les parece el nombre?...... les preguntó, al estar todos de acuerdo, porque les parecía un nombre apropiado para la hermosa yegüita continuaron conversando, Abdiel le preguntó al caballo blanco con curiosidad, ...¿y como es que ahora si te hiciste presente con nosotros después de tanto tiempo?...... el caballo blanco le contestó emocionado, ...es que ahora se va ha realizar un gran acontecimiento, y nosotros queremos acompañarte para estar cerca de ti, y presenciar tu felicidad,...... pero como veo que ya muy pronto va a oscurecer, creo que lo mejor sería que esta noche durmieran aquí, y mañana temprano continuar con nuestro viaje rumbo al castillo real,...... estando completamente de acuerdo el venerable anciano con el caballo blanco, encendieron una fogata para preparar su cena, teniendo listos sus alimentos, hicieron una oración para agradecerle a Dios por lo bondadoso que continuaba siendo con ellos y porque estaban todos juntos de nuevo, después de terminar de cenar cada uno de ellos extendió su manto disponiéndose a dormir.

La noche transcurrió muy tranquila y apenas amaneció se levantaron a preparar su desayuno ya que no querían llegar tarde, al terminar de desayunar recogieron todas sus cosas y se dispusieron a partir, el venerable anciano les dijo entonces,

...... vámonos para llegar a tiempo... y cuándo todos muy contentos se disponían a proseguir su marcha, el caballo blanco les pidió que le permitiesen llevarlos, diciendo que era un gran honor para ellos, el venerable anciano le contestó con rapidez, ...pero nosotros somos cinco, y sería mucho peso para ti llevar tres en tu lomo, estamos muy pesados,...... ...¡ no!... le contestó el caballo blanco, ... ¡yo tengo la solución!, Abdiel y tú van a montar en mi lomo, los hermanos de Abdiel en mi amada compañera, y Bitya montará en el lomo de Querubina, ya que es la de menor peso,...... y así lo hicieron, continuando su viaje muy contentos porque iban a llegar más pronto de lo que ellos esperaban, con la valiosa ayuda de los nobles animales, caminaron todo el día, y al ocultarse el sol buscaron un buen lugar para descansar, bajándose de los caballos, dándoles las gracias por su ayuda, y enseguida continuaron con su rutina de preparar sus alimentos y a descansar.

Abdiel al sentir en su corazón que estaba muy cerca de su amada princesa Alizah, soñó con ella, y en sus sueños la vió, no como a la hermosa niña que conoció hacía mucho tiempo, sino como estaba ahora, el sueño fué tan real que el sintió que lo había vivido y no había sido un hermoso sueño, al despertar a la mañana siguiente sintió una gran emoción sabiendo que muy pronto la volvería a ver; desayunaron y reanudaron su viaje, continuando por varias horas, al atardecer de ese día llegaron a la colina desde donde se divisaba el castillo real, el venerable anciano les sugirió se quedaran a dormir allí, para que llegar de día al castillo, porque ya estaba oscureciendo, todos estuvieron de acuerdo ya que faltaban todavía dos largos días para la gran fiesta y no querían llegar con tanta anticipación al castillo real, así es que prepararon una vez más su cena, y se recostaron a dormir, además muy cerca de ellos estaba un lago en el que podían bañarse antes de presentarse a los reyes y a la princesa Alizah.

A la mañana siguiente desayunaron y continuaron el corto camino que faltaba por recorrer para llegar a su ansiado destino.

CAPÍTULO

17

La presentación

Había transcurrido media mañana, cuando llegaron al castillo real, estando al frente del mismo, vieron con asombro e intrigados que toda la corte del castillo real estaba en la puerta con una gran alfombra roja en las escalinatas, y se preguntaron con curiosidad, …¿para quién será ese gran recibimiento?, ¿que estámos presenciando ?, y en ese preciso momento vieron que se acercaba un carruaje muy elegante con el sello de Zaquizamí, y que al llegar frente al castillo real se escuchó una gran ovación de parte de la gran muchedumbre que estaba reunida, junto a los nobles soberanos, Abdiel, los venerables ancianos, y los hermanos, se detuvieron a cierta distancia observando con curiosidad lo que estaba pasando, instantes después vieron bajar del elegante carruaje a un noble caballero elegantemente vestido, quién inmediatamente le dió la mano a una bella dama de gran elegancia, a continuación vieron bajar del elegante carruaje a dos preciosas y bellísimas damitas, luciendo hermosos vestidos color perla, cada una de ellas llevaba en los brazos con mucha ternura, una hermosa perrita blanca, e inmediatamente los perros Luz y Sombra se emocionaron y dieron unos fuertes ladridos para llamar la atención de tan bellas perritas, entonces los venerables ancianos, y los hermanos de Abdiel, escucharon otra ovación mucho más fuerte que la anterior, las bellas damitas que no eran otras que Joselyn y Priscilla, saludaron a la multitud con la mano y una amable sonrisa en sus bellísimos rostros, los músicos de inmediato empezaron a tocar una alegre melodía de bienvenida en honor a los nobles invitados, los hermanos de Abdiel no las perdieron de vista en ningún momento hasta que las vieron desaparecer dentro el castillo real; Ross y Josem las miraban asombrados y con admiración quedando prendados de ellas, con el corazón latiéndoles rápidamente con gran emoción, el venerable anciano simplemente los miraba y sonreía a la venerable anciana comprensivamente, porque los conocía muy bien y sabía la gran emoción que estaban sintiendo en sus nobles corazones Ross y Josem. Cuando desaparecieron todos dentro del castillo real, ellos se acercaron de inmediato a la gran puerta, al mismo tiempo que el guardia Josué, que se encontraba ante la entrada, les preguntó cortésmente, ...¿ cómo los puedo ayudar?...... el venerable anciano contestó rápidamente y con amabilidad, por favor anuncie al rey la llegada de Abdiel con sus acompañantes, reconociéndolos enseguida el guardia Josué y haciéndoles una ligera inclinación, ingresó con diligencia al castillo real, saliendo inmediatamente con el soberano que emocionado en gran manera, les dió la bienvenida con un fuerte abrazo y una gran sonrisa diciéndoles, amablemente que eran bienvenidos, y que pasaran por favor, además les dijo el rey, ...ya saben que ésta es su casa y nunca jamás olvidé lo que hicieron por mi amada hija, recordándole a Abdiel que hace tiempo atrás le dijo que él era considerado como otro hijo más para él, y les preguntó con un ligero reproche en su voz, ...¿ por qué nunca volvieron a visitarnos ?, nosotros los recordamos constantemente con mucho cariño,...... los hermanos, Abdiel, y los venerables ancianos, agradecieron sus amables palabras con una ligera inclinación, y enseguida el rey Adrián, con una sonrisa en los labios les dijo que se disponían a disfrutar de un banquete, por lo que ellos también estaban invitados cordialmente a su mesa, y compartir con su amada familia, el venerable anciano dió las gracias al rey a nombre de todos y enseguida entraron todos al castillo real, el noble soberano los presentó ceremoniosamente a los Duques de Zaquizamí, diciéndoles con una gran sonrisa, ...ellos son nuestros muy queridos amigos,...... los nobles duques los saludaron con un fuerte apretón de manos, diciéndoles que los considerasen también sus amigos, las bellas duquesitas Joselyn, y Priscilla, se emocionaron notablemente al ver por primera vez a Ross, y a Josem, y es que ellos eran unos jóvenes muy apuestos, dignos hermanos de Abdiel, ellas a pesar de ser tan hermosas y estar en edad de casarse, hasta el momento nunca habían encontrado alguien que realmente les interesara, y les gustara lo suficiente para hacerlo, más al ver a los hermanos, se miraron una a la otra emocionadas pensando interiormente que ahora sí les gustaría casarse.

Después de las presentaciones Abdiel le preguntó con amabilidad y mucho respeto al rey si le permitía acercarse a saludar a la princesa Alizah, y al obtener la venia del rey se acercó rápidamente a ella con mucha emoción en su noble corazón, dándole un tierno beso en la mano, diciéndole en voz baja lo bella que era, lo mucho que la quería y los deseos que tenía de volver a verla, ella al escuchar sus amorosas palabras le dió un beso en la mejilla diciéndole que, ella también lo quería mucho, finalmente tomaron asiento todos en el gran comedor, y dándole gracias a Dios por sus bendiciones se dispusieron a comer sus sagrados alimentos; los apuestos hermanos volteaban la cabeza disimuladamente para ver a Joselyn, Priscilla, y Alizah, asombrados de su enorme belleza. Al terminar de comer el rey le pidió con amabilidad y ternura a su hermosa hija los deleite con una melodía en honor a sus invitados, la princesa Alizah obedeciéndole de inmediato se acercó al piano y tocó una bella melodía dejando a todos impresionados por su maestría para hacerlo, y al terminar de tocar el piano todos le aplaudieron entusiasmados por su gran sensibilidad, después las jóvenes doncellas haciendo una reverencia a sus amados padres, pidieron permiso para retirarse a sus habitaciones, para vestirse de amazonas, porque deseaban salir salir a montar y pasear en sus hermosos caballos; mientras tanto los reyes con sus invitados pasaron al salón principal, ya que donde había tocado el piano la hermosa princesa Alizah era el salón familiar, el rey amablemente les sirvió una copa de vino haciéndoles sentir como si estuvieran en su casa, y tomaron asiento cómodamente en un gran sillón de piel a disfrutar una copa de vino, y de una agradable y amena charla, poco después de que los duques contaron todas las novedades que pasaron en el largo viaje que realizaron, se dirigieron a los venerables anciano, y a los hermanos, diciéndoles con amabilidad que tenían un gran interés por saber cómo les fué en su largo viaje, porque vieron que llegaron en unos caballos de gran estampa, que ni en el palacio, ni en el castillo real tenían, porque de inmediato se veían muy finos y de pura sangre, preguntando con curiosidad de dónde los habían comprado, puesto que era raro en la región ver unos animales tan pura sangre como los de ellos, además observaron dos perros adultos muy hermosos, el venerable anciano dirigiendo la mirada hacia Abdiel, le pidió que por favor les contara sus interesantes aventuras, él gustosamente lo complació, empezando a platicar desde el momento en que conoció al caballo blanco en el huerto de manzanas de su padre, de la valiosa ayuda del noble animal y las aventuras que había corrido con el caballo blanco, luego pasó a contarles como fué que encontró a sus hermosos perros Luz y Sombra, al terminar Abdiel toda su interesante historia, los soberanos y los nobles duques se asombraron grandemente de lo que habían escuchado, y miraron a Abdiel con gran admiración y respeto, diciéndole enseguida el rey Adrián con emoción en su voz, ...yo supe desde el primer momento que te conocí, que tú no eras una persona común y corriente, y ahora lo acabo de confirmar,...

Cuando terminó Abdiel su conversación, el venerable anciano les dijo con mucho respeto en su voz, que querían hablar de un asunto muy delicado con su alteza, el rey y el duque al ver la seriedad de ellos les prestaron toda su atención, entonces el venerable anciano les habló acerca de la hermosa cueva de diamantes que descubrió Abdiel hacía nueve años, y se dirigió a él pidiéndole por favor les mostrara el diamante que llevaba de regalo a la princesa Alizah, Abdiel rápidamente sacó el diamante y se los mostró, ellos al verlo se asombraron del gran brillo que tenía, el rey Adrián después de analizarlo con mucho cuidado les dijo que era el diamante más puro y valioso que había visto en toda su vida, pasándoselo de inmediato al Duque Daniel para que lo observara y diera su opinión al respecto, el duque al tenerlo entre sus manos, después de mirarlo con detenimiento por cierto tiempo confirmó las palabras del rey, el venerable anciano les preguntó, que era lo que les aconsejaba hacer, contestándole el rey, ...lo primero que van a hacer ustedes, si están de acuerdo, es registrar a su nombre la cueva de diamantes, para empezar a trabajar en ella, y no tener problemas en el futuro; el venerable anciano entonces dijo que dejaban todo en sus nobles manos, ya que ellos no tenían ningún conocimiento para seguir los pasos necesarios, el Duque Daniel y el Rey Adrián, agradecieron la gran confianza que depositaron en ellos y les prometieron trabajar en ello inmediatamente, después que pasara la esperada fiesta de la princesa Alizah; en ése momento entraron las bellas duquesitas, y la princesa Alizah a invitar a los apuestos hermanos a pasear a caballo con ellas, dando su autorización los nobles padres, para salir con sus hijas, y ellos muy emocionados agradecieron su confianza saliendo apresuradamente tras las bellas damitas, y aunque ellas tenían unos hermosos caballos, sobresalían la hermosa apariencia del caballo blanco con su larga crin, de su compañera, y su hermosa yegüita Querubina, ya que ella al llevar a la venerable anciana Bitya en su lomo había desarrollado más sus músculos, viéndose más grande y fuerte, Abdiel, fue el que la montó debido a tener menor peso.

Al alejarse un poco del castillo real, les propusieron las bellas damitas con una dulce sonrisa, a correr un poco y sin esperar respuesta emprendieron una velóz carrera dejando a los hermanos rápidamente atrás, Abdiel entonces pidió al caballo blanco que las tratara de alcanzar y éste junto a su familia sin contestar nada, inició su carrera como el viento, velozmente, alcanzando muy pronto a las bellas damitas, los hermanos disfrutaban tan solo de verlas ya que parecían unas diosas cabalgando, con sus hermosos y rubios cabellos sueltos ondeando al viento, y caballerosamente les dijeron a sus veloces caballos por favor las dejaran ganar la carrera para no hacerlas sentir mal, después de cabalgar unas horas y disfrutar con placer la compañía los unos con los otros, regresan al castillo real al ocultarse el sol, felices y contentos, porque estuvieron juntos percibiendo tanto ellos, como ellas del sentimiento tan hermoso que estaba naciendo profundamente en sus corazones, era una emoción tan grande que parecía que les iba a estallar el pecho, al llegar frente al castillo real los soberanos, los duques, y los venerables ancianos ya los esperaban preocupados e impacientes por su tardanza, ellas les dijeron visiblemente emocionadas a sus amados padres, de la carrera que habían hecho y que además les habían ganado a Ross, Josem, y Abdiel, los nobles padres voltearon a ver a los hermanos, y con la mirada les dieron las gracias, ya que ellos estaban seguros que se dejaron ganar por sus amadas hijas, enseguida todos subieron a sus habitaciones para vestirse de gala y bajar a cenar al gran comedor, cuando las bellas duquesitas y la princesa Alizah bajaron por las escaleras ya las estaban esperando todos en el gran salón, los apuestos hermanos dirigieron la mirada hacia arriba, admirando la gran belleza de las hermosas damitas, entonces ellas sintieron interiormente lo que sentían los hermanos, bajando lentamente para hacerles esperar un poco más, faltando dos escalones se acercaron rápidamente ellos con las manos extendidas para ayudarlas a llegar al comedor, Ross caminó de la mano de Joselyn, inmediatamente después Josem de la mano con Priscilla, y finalmente Abdiel con la princesa Alizah; los hermanos las miraban a los ojos con una ternura indescriptible, la Reina Noemí, la Duquesa Rebeca, y la venerable anciana Bitya, se conmovieron tanto al verlos juntos que sin ellas notarlo se les llenaron sus ojos de lágrimas y es que se veían tan apuestos ellos, y tan hermosas ellas que se emocionaron, al ingresar en el gran comedor ceremoniosamente se sentaron cada quien en el lugar que les habían asignado de antemano, e inclinando su rostro dieron gracias a Dios con fervor, por los alimentos que les concedía cada día, y por haberles dado el maravilloso don de haberse conocido, después de ésto disfrutaron los deliciosos platillos que les sirvieron, y poco después al terminar las bellas damitas pidieron permiso a sus nobles padres para salir al jardín en compañía de los hermanos, al tener el consentimiento, salieron, tomados de la mano y al llegar al jardín no dejaban de mirarse a los ojos con gran emoción, sin necesidad de palabras transmitiendo sus sentimientos tan solo con la mirada, Abdiel, y Alizah, se apartaron discretamente de los demás para tener algo más de privacidad.

CAPÍTULO

18

El obsequio

Abdiel, dirigiéndose a Alizah le dijo lo felíz que se sentía al volver a verla, y ella emocionada le preguntó, ...¿por qué no habías vuelto en tanto tiempo ?, yo esperé anhelante que regresaras, día tras día te he esperado,...... Abdiel le contestó que él siempre la recordaba con mucho cariño y amor, pero que una gran distancia los separaba, siendo ésta la principal razón por la que no había podido ir a verla, luego se dieron un tierno beso y avergonzados mutuamente, regresaron junto a los demás, cuando llegaron junto a ellos los encontraron platicando de la esperada fiesta del día siguiente con mucho entusiasmo, Joselyn y Priscilla estaban comprometiendo a Ross y Josem para que fueran sus parejas en el gran baile, aceptando ellos encantados, diciéndoles que era un gran honor acompañarlas y en ése momento salieron sus padres para decirles a las bellas damitas que ya era tiempo de subir a descansar a sus habitaciones, porque al día siguiente les esperaba un día lleno de muchas emociones y grandes acontecimientos, dócilmente después de dar las buenas noches a todo, las bellas damitas se retiraron con mucho donaire en su caminar a sus reales aposentos; el rey entonces llamó al mayordomo al salón donde se encontraban los demás, y éste acudiendo al llamado de su soberano rápidamente, haciendo una leve reverencia, esperó la orden, el rey le pidió amablemente que por favor llevara a sus invitados a las mejores habitaciones de huéspedes que tenían en el castillo real, además ordenó que se los atendiera como si fueran el mismo, ya que eran sus invitados de honor, el venerable anciano dió las gracias a nombre de todos por su bondad y sus amables palabras, y luego de dar las buenas noches se retiraron a descansar a las habitaciones que les habían asignado.

Abdiel por más que trataba de dormir no lo lograba, ya que estaba muy emocionado por todo lo que les había pasado, y también porque estaba pensando demasiado en la princesa Alizah, pero no solamente él no podía dormir, sus hermanos estaban igual, pero ellos pensando en las bellas duquesitas, entonces decidieron salir al balcón para observar las estrellas y relajarse un poco, encontrándose allí sorpresivamente a las bellas duquesas y a la princesa Alizah que tampoco podían dormir por la emoción que sentían cada una de ellas en su corazón, los hermanos sonriendo con mucha ternura al verlas, y ellas también sonriéndoles con timidéz, algo avergonzadas por encontrarse en ropa de dormir, para luego presurosamente regresar a sus habitaciones, más Abdiel se acercó rápidamente a Alizah, tomándole la mano sin pronunciar palabra, le dió un tierno beso en su delicada mano, entre tanto Ross se acercó a Joselyn y lentamente le pasó su brazo por sus bellos hombros, y por largo tiempo no pronunciaron palabra, solamente miraban las estrellas con mucha atención, mientras Josem y la bella Priscilla, se sentaron en un sillón de los muchos que estaban en el balcón, de pronto, en ese preciso instante Josem con una ternura indescriptible le plantó un tierno beso en la frente a la bella Prisilla, haciendo que sin sentirlo a ella se le resbalaran unas lágrimas por sus sonrosadas mejillas, por la intensa emoción de ése momento, estuvieron todos tan felices que no percibieron como pasó el tiempo, hasta que empezó a clarear el amanecer y riéndose con complicidad regresaron cada uno a sus habitaciones antes de que los descubrieran sus amados padres; los hermanos rápidamente se dieron un baño para luego ir a dar su paseo matutino en sus nobles caballos y de ésa manera quitar esa gran ansiedad que sentían; al llegar Abdiel con el caballo blanco le preguntó con interés el noble animal, ...¿ Cómo estás?, ¿Eres felíz?,...... el noble animal ya sabía todo lo que estaba pasando, pero quería que Abdiel se lo confirmara, Abdiel emocionado le dijo que era intensamente felíz y esperaba en Dios que esa felicidad y alegría que le invadía su corazón fuera muy duradera, el caballo blanco le contestó de inmediato, ...¡así va a ser!,... ya que él pensaba que se lo merecía por su nobleza y su buen corazón, y le recordó que no se le fuera a olvidar darle su regalo a la princesa Alizah, al comienzo o al final del esperado baile, después de su amena charla emprendieron su carrera libremente por el campo, después de unas horas cabalgando dijo Ross a sus hermanos que ya era tiempo de regresar, y que no quería preocupar a los venerables ancianos; al llegar al castillo real observaron un gran movimiento porque ya los invitados estaban llegando, era tanta la gente que había adentro, que los hermanos pensaron que si seguían llegando más invitados no habría suficiente espacio para todos en el gran castillo real, ellos al llegar se fueron discretamente a la cocina a comer informalmente, porque tenían mucho apetito, para luego rápidamente subir a sus habitaciones a bañarse y vestirse de gala para estar listos a la hora de la gran celebración.

Al terminar bajaron al gran salón donde los estaban esperando los reyes, los duques, y los venerables ancianos con una gran cantidad de invitados, platicando animadamente con ellos, al aproximarse junto al soberano fueron presentados cordialmente a una multitud de importantes personajes, viéndolos éstos con mucha curiosidad, por el gran cariño y afecto que les demostraba el rey, los hermanos correspondían con una nerviosa sonrisa, ya que ellos no estaban acostumbrados a ver tantos personajes importantes juntos, pero la multitud pronto se olvidó de ellos porque estaban a la expectativa y ansiosos del ingreso por las escalinatas de las bellas duquesas y la princesa Alizah, entonces apareció el mayordomo con la dama de compañía de la princesa en la escalinata, para anunciar solemnemente que en unos breves instantes iba a salir la princesa Alizah con sus hermosas primas, las bellas duquesas de Zaquizamí, y al terminar su anuncio los fieles servidores se retiraron discretamente a continuar con su noble trabajo, que era la preparación de los deliciosos platillos; todos los invitados incluyendo Abdiel y sus apuestos hermanos, estaban con los ojos puestos en la gran escalinata esperando ansiosamente ver aparecer a las bellas damitas, que en ése preciso instante se presentaron al pie de las escalinatas, todos los invitados al verlas aparecer, les dieron un fuerte aplauso con una gran ovación por largo tiempo, ellas estaban tan hermosísimas con sus vestidos espectaculares, que no parecían reales sino más bien los invitados sentían que eran unas apariciones celestiales, las bellas damitas les agradecieron la bienvenida con unas hermosas sonrisas en sus bellas caras, y bajaron los escalones lentamente, al llegar al último escalón como si los llamaran con el pensamiento, Abdiel, Ross, y Josem se acercaron y les extendieron la mano para ayudarlas a bajar, siendo la envidia de todos los nobles jóvenes casaderos que había en el salón al tener la valentía de acercarse a ellas; Abdiel le dió la mano a Alizah, Ross a Joselyn, y Josem a Priscilla, dirigiéndose enseguida hacia la pista de baile, pues los músicos empezaron a tocar un hermoso vals, bailaron por largo tiempo mirándose solamente a los ojos, sintiendo todos ellos que no tocaban el piso, sino más bien que estaban flotando, hasta que llegaron otros jóvenes a interrumpirlos rompiendo el mágico momento diciéndoles con una sonrisa que también ellos querían tener el honor de bailar con las bellas damitas, los hermanos se retiraron pidiendo disculpas a las damitas por acapararlas por tanto tiempo, contestando cada una de ellas casi de igual manera con una radiante sonrisa que con los que querían bailar, realmente era con ellos, y pidiéndoles que en cuanto cumplan con el compromiso de bailar con los demás, querían seguir bailando con ellos; Abdiel y sus hermanos se retiraron de la pista de baile pero sin perderlas de vista, ya que era un deleite el estar viéndolas y estaban atentos para que en cuanto tuvieran la menor oportunidad, se acercaran a ellas.

Mientras tanto las bellas damitas aunque estaban bailando con otros jóvenes, los buscaban con la mirada no quedando satisfechas hasta que los localizaban y al verlos se quedaban más tranquilas, esperando con ansiedad el momento de estar una vez más con ellos, cuando ya tenían unas horas bailando les dijeron amablemente a sus compañeros de turno que se sentían cansadas y querían tomarse un descanso, los jóvenes que lo único que querían era complacerlas las llevaron inmediatamente con sus amados padres, quienes estaban sentados en un cómodo sillón de piel, y al llegar junto a los soberanos les hicieron una reverencia dándoles las gracias por su deferencia para con ellos, al reunirse junto a sus nobles padres les preguntaron si estaban disfrutando de la fiesta, contestando ellas con una gran sonrisa de felicidad, que estaban disfrutando muchísimo, agradeciéndoles por la hermosa fiesta que les habían ofrecido, Abdiel y sus hermanos se acercaron prontamente a ellas, para invitarlas a salir un momento al balcón antes que las interceptara otro joven galán, ellas aceptaron inmediatamente, dándoles la mano con mucha gracia y saliendo todos juntos al balcón, ya estando afuera se quedaron maravillados al ver una hermosa luna llena que los saludaba en todo su esplendor, quedándose viéndola con una gran calma en su interior sin pronunciar palabra, disfrutando de su compañía, entonces Ross le dijo a Joselyn con gran emoción en su corazón que si aceptaba ser su novia y al hacer ella un movimiento de afirmación con la cabeza, ya que ella no podía articular una palabra por la felicidad que la embargaba, le obsequió un apasionado beso sellando así un duradero compromiso; mientras tanto Josem y Priscilla alejándose un poco de los demás, Josem muy emocionado preguntó a la bella Priscilla, si aceptaba ser su novia, respondiendo inmediatamente ella, que sí, diciéndole, ...tú eres la persona que he estado esperando toda mi vida,... a él le invadió una inmensa alegría al escuchar las palabras de ella, y la abrazó con mucha ternura, al otro extremo del balcón estaba Abdiel con la princesa Alizah diciéndole Abdiel cuánto la amaba y deseaba que un día no muy lejano pudiera ser su amada esposa para siempre, ante lo cual ella le contestó con gran emoción que también lo amaba con todo su corazón, y que esperaría ansiosa la llegada de ése día, pero por un momento pensó que todavía eran muy jóvenes, y que tendrían que esperar un tiempo más para casarse, él estuvo completamente de acuerdo con ella, diciéndole enseguida que le había llevado un regalo por su cumpleaños pidiéndole imperioso que cerrara sus hermosos ojos y extendiera su delicada mano para que lo recibiera, la princesa Alizah muy emocionada le extendió su mano y él le entregó el enorme diamante que brillaba espectacularmente con la luz de la luna, ella al abrir los ojos y ver el invaluable regalo, agradecida, y emocionada sin pensarlo, le dió un tierno beso en la boca, quedándose después viendo la luna por largo tiempo sin pronunciar palabra; entonces Ross y Joselyn se acercaron con ellos para decirles emocionados que ya eran novios, todavía no terminaban de decirlo cuando se acercaron Josem y Priscilla, diciéndoles con una radiante sonrisa de felicidad en el rostro que también eran novios, se abrazaron mutuamente deseándose mucha felicidad y después hicieron planes para comunicarles a sus padres que se amaban, y pedirles su bendición, porque querían casarse lo más pronto posible, ya que no querían continuar viviendo separados los unos de los otros; Abdiel y Alizah los felicitaron de todo corazón deseándoles mucho amor y prosperidad en su vida, en ése momento se acercó un criado con una bandeja llevando copas de vino, tomando Ross una por una, ofreciéndoles a cada uno, para brindar por un eterno amor junto a Joselyn, y también por la felicidad de Josem y Priscilla, puesto que él quería en gran manera a su hermano y como él estaba felíz quería que su amado hermano lo fuera también, levantando todos sus copas brindando por la salud y la felicidad de todos ellos.

En ése momento llegaron los venerables ancianos a darles las buenas noches y decirles que se sentían muy cansados y que se retiraban a descansar a sus habitaciones, expresándoles con una sonrisa, lo viejos que se sentían y que por desgracia ya no tenían la misma energía que ellos, los hermanos sin poderlo callar por más tiempo les comunicaron lo felices que estaban, porque ya eran novios y querían que fueran los primeros en saberlo, pidiéndoles se preparan porque al día siguiente querían que pidiesen para ellos a las bellas duquesas, a sus nobles padres, los venerables ancianos los felicitaron con todo el amor que tenían en su corazón, llegando hasta las lágrimas al verlos realizados ya que los amaban grandemente, y enseguida se retiraron a sus habitaciones, para planear con todo detalle lo que irían a decir a los nobles padres de las bellas duquesas para convencerlos que Ross, y Josem eran dignos de sus amadas hijas, y aunque realmente estaban muy cansados, para ellos es más importante ayudar a los hermanos.

Mientras tanto, a las bellas damas las mandaron llamar los reyes con un criado, ya que muchos de los invitados se querían marcharse y deseaban despedirse de ellas, que dócilmente regresaron al salón, para complacer a sus padres, llegando junto a ellos con sus caras radiantes de felicidad, los nobles duques que conocían muy bien a sus amadas hijas sospecharon que algo muy grande les estaba sucediendo, pero sin hacer comentario alguno para no avergonzarlas delante de las personas que se encontraban junto a ellos; al marcharse el último invitado y debido al cansancio que tenían, decidieron dejar pendiente la conversación con sus amadas hijas para el día siguiente, retirándose todos a descansar a sus habitaciones muy agotados después de fuertes emociones vividas en los últimos días y durmieron plácidamente, con una paz interior que sólo tienen los que hacen la voluntad de Dios.

CAPÍTULO

19

El compromiso

A la mañana siguiente Ross y Josem se levantaron y se dieron un baño apresuradamente, porque se habían quedado dormidos hasta tarde, y querían estar presentes en compañía de los venerables ancianos el momento en el que ellos hablaran con los nobles duques, para la petición de mano de las bellas duquesas, al bajar al salón ya los estaban esperando, los venerables ancianos y los nobles duques, en cuanto los vieron el venerable anciano Hilyan les pidió que se sentaran cerca de ellos, los hermanos los obedecieron nerviosos, los nobles duques los veían con mucha curiosidad, el venerable anciano enseguida se dirigió a los duques con mucha seriedad mencionándoles primeramente los valores morales, virtudes, y el alto nivel académico que poseían los hermanos, respondiendo con toda honestidad por ellos, y enseguida les hizo la petición de mano de las bellas duquesa, luego el venerable anciano dijo, que Ross quería casarse con la hermosa Joselyn, y Josem con la bella Priscilla, los nobles duques que ya presentían en su corazón algo de lo que estaba pasando les dijeron que ellos no podían decidir nada hasta que no hablaran con sus amadas hijas, porque lo que querían y deseaban era la felicidad de sus amadas hijas, mandando llamar inmediatamente a las bellas duquesas, quienes estaban nerviosas y con una gran ansiedad esperando el llamado, se apresuraron a llegar al salón y al verlas los duques antes preguntarles nada ya sabían la respuesta, porque a ellas al entrar al salón y ver a los hermanos se les iluminaron los ojos de amor, y alegría, pero aún así, ellos querían que sus hijas se los confirmaran, y les preguntaron con mucha seriedad si sabían de lo que estaban hablando, Joselyn y Priscilla les contestaron con mucho respeto que sí, Joselyn dijo que ella amaba a Ross con todo su corazón, y que lo que más deseaba era estar cerca de él, Ross al escucharla sintió una gran emoción en su corazón, enseguida el duque se dirigió a la dulce Priscilla, y ella contestó con timidez, ya que era muy tímida, diciendo rápidamente que quería en gran manera a Josem, y que sería muy felíz si ellos estuvieran de acuerdo en permitirle unirse a él en matrimonio, el duque se quedó pensando por largo tiempo, meditando en que era lo mejor para sus amadas hijas, todos estuvieron esperando la decisión con nerviosismo, y a todos les pareció que tardaba una eternidad para dar su respuesta, entonces el duque les dijo que era una decisión muy importante la que iban a tomar, y que quisiera que si estaban de acuerdo, se casarían en seis meses, porque tenían que preparar el gran acontecimiento a lo grande, ya que se casaban les dijo emocionado, lo mas amado para ellos que eran sus amadas hijas, además tenían mucho trabajo y una gran misión en la cueva de diamantes que descubrió Abdiel.

Enseguida les preguntó con curiosidad por sus padres, y que de ser posible el deseaba que estuvieran presentes para la boda de ellos, pidiéndoles les mandaran avisar lo más pronto posible para que tuviesen tiempo de estar presentes en la boda, estando de acuerdo en todo lo que les dijo el duque y sintiendo una gran emoción al pensar que iban a ver a sus amados padres después de tanto tiempo sin saber de ellos, el duque mandó llamar a los reyes para decirles la decisión que habían tomado y los nobles soberanos que estaban esperando junto con Alizah y Abdiel en otro saloncito, con ansiedad por saber lo que estaba pasando en el gran salón, entraron apresurados queriendo saber qué acordaron, el duque les comentó detalladamente todo, y los reyes les dieron un fuerte abrazo deseándoles toda la felicidad del mundo, y agradeciendo ellos por sus buenos deseos; Abdiel y Alizah también los felicitaron con todo su buen corazón, diciéndoles Alizah con mucha seriedad que la siguiente petición matrimonial sería la de ellos, los reyes al escucharla y mirándola amorosamente dijeron, …… cuando sea el tiempo nosotros cariñosamente vamos a compartir su felicidad con ustedes, ya que los amamos grandemente, y lo que más deseamos es su felicidad,…… ellos se miraron muy emocionados al saber que contaban con la bendición de sus padres.

Al terminar su conversación las bellas damitas se retiraron, dejando a los caballeros para planear la mejor manera de trabajar en la gran cueva de diamantes que descubrió Abdiel, entonces ellos mandaron a llamar al encargado del registro de propiedades al gran despacho del rey, acudiendo rápidamente éste al llamado, quién al estar junto a ellos les preguntó con respeto, …… ¿En qué los puedo ayudar ?,…… el rey le dijo que querían registrar una gran cueva de diamantes y le pidió amablemente prepare los documentos necesarios para hacerlo, el encargado del registro se apresuró a complacer al rey, preguntando, …¿Dónde está la propiedad que quieren registrar para escribirlo en el libro de propiedades ?,… al decirle el venerable anciano dónde se ubicaba la hermosa cueva de diamantes lo escribió para que estuviese todo legalizado, al terminar con el proceso, y disponiéndose a firmar Abdiel, les dijo, con mucha seriedad, que él quería que estuviesen también las firmas de sus hermanos, y del venerable anciano, ya que deseaba que todos fueran dueños como él, los hermanos y el venerable anciano se conmovieron grandemente con Abdiel, y dándole un fuerte abrazo le agradecieron por tomarlos en cuenta, luego él se dirigió al rey y al duque diciéndoles que también quería que ellos firmasen los documentos, porque iban a correr con todos los gastos; el rey y el duque le dieron las gracias, sorprendidos por hacerlos partícipes al incluirlos también a ellos, y procedieron a firmar todos; después de quedar todo legalizado se retiró el encargado del registro felicitándolos por el gran negocio que acababan de hacer; quedándose a planear la carretera que iban a construir para poder transportar los diamantes que iban a sacar al explotar la mina, llevándolos al castillo real, decidiendo empezar su proyecto al día siguiente, pidiendo permiso los hermanos para salir a pasear con las bellas damitas, salieron apresuradamente a buscarlas no tardando mucho en encontrarlas, esperándolos frente al castillo real; al estar junto a ellas les dijeron emocionados que iban a estar por largo tiempo con ellas, ya que iban a empezar el proyecto del camino para transportar los diamantes al castillo real; las bellas damitas sintieron una alegría muy grande en su corazón, pero al mismo tiempo pensaron con tristeza que se iban a marchar muy pronto de su lado, y no los iban a ver hasta que llegara la esperada fecha para su feliz unión matrimonial, poco después tomaron el camino de regreso al castillo real, tomados de la mano, dichosos, y encontrando el templo del castillo real llamado Shekinah a un costado del camino, entraron para darle gracias a Dios por las grandes bendiciones para con ellos y por ser tan bondadoso, poniéndose de rodillas al frente del mismo con humildad e inclinando sus rostros orando por largo tiempo, al terminar sus oraciones exploraron el templo, viendo lo grande que era y haciendo bromas al respecto, les dicen los hermanos a las bellas duquesas que era donde se iban a casar con ellas, al terminar su recorrido poco después se fueron a montar sus caballos, para ver si de esa manera se calmaban un poco de la gran excitación que sentían en su interior.

Al estar con el caballo blanco, Abdiel le cuenta lo que pasó con detalles, felicitándolo el noble animal emocionado, diciéndole que él estaba seguro que sus hermanos iban a ser muy felices con las bellas duquesas, después de cabalgar por largo tiempo volvieron al castillo real, dónde les esperaba un gran banquete que les habían preparado sus padres, para celebrar el compromiso de los hermanos con las bellas duquesas de Zaquizamí, era un día muy especial y de placer para todos ellos, porque de esa manera sellaban un compromiso de toda la vida juntos.

Al estar todos reunidos en el gran comedor el rey como anfitrión les dijo con solemnidad se pusieran de pié e inclinaran su rostro para dar gracias a Dios por su infinita misericordia para con ellos, y todos sin excepción lo hicieron respetuosamente y con mucha devoción, al terminar su oración el rey levantó su copa y brindó por la felicidad de los novios, deseándoles con todo su corazón que su dicha fuera eterna, ellos dando las gracias por sus buenos, levantaron sus copas bebiendo su contenido, luego se dispusieron a disfrutar de la comida en gran armonía, después de terminar sus alimentos se reunieron en el salón familiar, el rey amablemente pidió a la hermosa Alizah que tocara el piano, ella se levantó de su asiento y lo complació de inmediato con una bella melodía de amor, con mucha sensibilidad y ternura en su corazón, terminado de tocar recibió los aplausos de todos por su maestría, poco después respetuosamente las bellas damitas pidieron permiso a sus padres para salir al jardín con los hermanos, ya que ansiaban estar solos y disfrutar de su compañía los unos de los otros, al estar sentados en una gran banca rodeados de una gran variedad de hermosas flores; Abdiel entonces le ofreció un bello poema de inspiración propia a la princesa Alizah, recitándolo con vehemencia y mirándola con ternura a los ojos le dijo, ...he aquí que tú eres hermosa, amada, y preciosa mía, tus bellos ojos como de una blanca paloma, tus cabellos como el trigo maduro, tus labios que destilan dulce miel, al hablarme con amor, cuando yo duermo mi corazón vela de amor por ti, escucho tu vóz oh mi amada, estás siempre en mis sueños, ponme como un sello en tu noble corazón, como una hermosa marca en tus delicadas manos al acariciarme con ternura, porque fuerte grande y sincero es el amor que siento por ti, como la vida que Dios nos dio, te amo con toda la fuerza de mi ser, te quiero y te necesito como el sediento en el desierto, así sea por siempre mi amor por tí mi bella Alizah, al callar Abdiel todos guardaron silencio un momento, emocionados por las bellas palabras que acababan de escuchar, irrumpiendo poco después en un fuerte aplauso, luego Ross y Joselyn se alejaron discretamente para darse las buenas noches con un apasionado beso, mientras tanto Josem dándole un tierno beso en la frente a la bella Priscilla, también se despidió, y finalmente Abdiel con un beso tierno y suave se despidió de Alizah.

CAPÍTULO 20

La celebración

Regresaron al salón, dónde los estaban esperando los padres y los venerables ancianos para darles también las buenas noches, y tener la seguridad de que cada uno de ellos se retirara a sus respectivos aposentos y durmieron con una gran paz en sus corazones ya que al día siguiente tenían mucho trabajo que realizar.

A la mañana siguiente las bellas damitas impacientes y con mucha energía se levantaron temprano a cabalgar por el campo del castillo real, encontrándose en el camino a los hermanos, ya que ellos se habían levantado primero, se dieron los buenos días con mucha alegría, porque no esperaban verlos tan temprano, pero en el fondo de su corazón lo estaban deseando tanto ellas como ellos; cabalgaron por un tiempo todos juntos muy contentos y felices, luego regresaron al castillo real para desayunar con los padres de ellas y los venerables ancianos que ya los estaban esperando, para después empezar con la construcción del camino, para llegar a la hermosa cueva de estalactitas, estalagmitas, y diamantes. Terminando con los sagrados alimentos se reunieron rápidamente en el salón familiar para estudiar los planos cuidadosamente, y encontrar la mejor manera de llegar hasta dónde estaba la cueva de diamantes, todos daban su mejor idea, pero como siempre por su sabiduría que Dios le había dado el que daba las soluciones perfectas era Abdiel, quedando todos de acuerdo, porque les parecía la mejor idea de todas las expuestas, finalmente al quedar todos contentos y satisfechos con la idea de Abdiel les dijo el rey a los hermanos con mucha seriedad, que él quería mandar un mensajero lo más pronto posible, para comunicarles a sus padres del compromiso y la fecha de la boda de los hermanos con las bellas duquesitas, diciéndoles a continuación que como era un largo viaje, necesitaban mucho tiempo para que los padres alcanzaran a prepararse para el largo camino, ellos dando las gracias al rey por su amabilidad dijeron que estaban completamente de acuerdo, y que procediera como lo creyera conveniente, el rey inmediatamente mandó llamar a uno de los mejores mensajeros del castillo real para que se preparara, y partiera lo más pronto posible a comunicarles la decisión de sus hijos, a los ilustres aldeanos padres, los hermanos se embargaron de un gran júbilo al saber que muy pronto iban a ver a sus amados padres después de tantos años sin saber de ellos, y una véz más le dan las gracias al rey, emocionados por la bondad del soberano; poco después el rey mandó llamar al frente del castillo real a varios de sus trabajadores para informarles de la obra que iban a iniciar, y al estar todos reunidos, el rey les indicó el trabajo que iban a realizar, empezando inmediatamente un gran movimiento obedeciendo las órdenes de su rey con todas las herramientas necesarias, Abdiel y los hermanos se marcharon con ellos y trabajaron arduamente, igual o más que los trabajadores del castillo real, ya que estaban ansiosos por llegar pronto a la hermosa cueva de estalactitas, estalagmitas, y diamantes, al terminar el día regresaron muy satisfechos por el adelanto que lograron ese día, siendo su primer día, al llegar al castillo real y después de darse un rápido baño, bajaron al gran salón a cenar ansiosos de ver a las bellas damitas, cuando llegaron al gran comedor vieron que ya estaban todos esperándolos para empezar, y rápidamente dando una disculpa por su tardanza, procedieron a dar las gracias a Dios, y luego comiendo con gran apetito después del duro trabajo que habían realizado; al terminar las bellas damitas como siempre, pidieron con respeto permiso a sus amados padres para salir al jardín con los hermanos a platicar un momento, y al obtenerlo salieron muy contentos todos, ansiosos porque no se habían visto desde la mañana, a solas, al estar sentados en una gran banca del hermoso jardín se tomaron cariñosamente de la mano y se contaron todo lo que hicieron durante el día, sin darse cuenta de lo rápido que pasó el tiempo, hasta que el rey los mandó llamar con un criado; acudiendo rápidamente al llamado del rey se presentaron pidiéndoles disculpas por la tardanza, disculpándolos el rey con una sonrisa comprensiva diciéndoles enseguida, que él también fué joven y los comprendía perfectamente pero que ya era tiempo de que se retiraran a descansar, porque habían tenido un día de duro trabajo y tenían que continuar al día siguiente con su dura labor, subieron todos a sus habitaciones después de darse las buenas noches, durmiendo muy bien debido al cansancio que tenían.

A la mañana siguiente continuaron con la misma rutina después de despedirse de las bellas damitas, se marcharon rumbo al lugar de trabajo y al llegar se quedaron completamente asombrados, y preocupados a la vez, ya que observaron que había una gran diferencia en el camino, porque había el doble del trabajo terminado que ellos habían realizado el día anterior, preguntando extrañados a los trabajadores del castillo real si sabían lo que había pasado durante la noche, pero ellos estaban igual o más asombrados que Abdiel y sus hermanos; después de un momento empezaron a trabajar pensando durante todo el día que habría sucedido, no pudiendo encontrar una respuesta, al terminar el día les dijo Abdiel a sus hermanos amablemente que se marcharan al castillo real con los ayudantes, porque él quería investigar lo que estaba pasando en el camino, estaba totalmente intrigado pensando y temiendo que fueran ladrones, ya que se escucharon rumores entre los trabajadores del castillo real que andaban por las cercanías de la región una pandilla grande de ladrones.

Abdiel sospechando con gran temor en su corazón que fueran ellos quienes querían llegar a la hermosa cueva de diamantes y robarlos, Ross y Josem le dijeron nerviosos, …… de ninguna manera te dejaremos solo, nosotros nos quedamos contigo para juntos investigar, y descubrir que es lo que esta pasando,…… al atardecer de ése día, cuando terminaron de trabajar mandaron a todos los ayudantes al castillo real, diciéndoles lo que iban a hacer y que le informaran al rey y al duque con detalle lo que había sucedido esa mañana en el camino, y enseguida Abdiel y sus hermanos hicieron como que se iban a marchar al castillo real con los ayudantes por si alguien los estaba vigilando, y creyeran que también se marchaba con los trabajadores, pero los hermanos se quedaron escondidos entre unos árboles cerca del camino para observar desde ése lugar, pasaron tres a cuatro largas horas, Ross, Josem, y Abdiel empezaron a desesperarse en gran manera al ver que no llegaba nadie, mientras tanto en el castillo real había un gran alboroto y mucha preocupación, porque no sabían lo que estaba aconteciendo con Ross, Josem, y Abdiel, todos temían que les pasara algo malo a los hermanos, mientras tanto ellos continuaban vigilando atentamente el camino, perdiendo ya las esperanzas al ver que no llegaba nadie.

CAPÍTULO

21

El reencuentro con los Indios

En ese preciso momento vieron asombrados que se acercaban al lugar muchos indios con sus rústicas herramientas empezando a trabajar en el camino con gran entusiasmo, Abdiel y sus hermanos se acercaron para preguntarles que es lo que estaban haciendo, pero al llegar junto a ellos se dieron cuenta que eran sus amigos, los indios que ayudaron el caballo blanco y Abdiel, a salvar al indio herido por el cuerno de un feróz rinoceronte muchos años atrás, los hermanos también los reconocieron, porque eran los mismos que se habían dividido con ellos la mitad del venado, cuando salieron de cacería con el venerable anciano Hilyan mucho tiempo atrás, el gran jefe indio al verlos se alegró muchísimo, y acercándose a Abdiel le dió un fuerte abrazo diciéndole inmediatamente con mucho cariño, ……Gran Pequeño Hermano jefe blanco,… haciendo reír a todos al decirle emocionado con mucha ternura en su corazón que ya no era pequeño sino Gigante Hermano jefe blanco, para enseguida darle emocionado con afecto otro un fuerte abrazo, Abdiel le contestó con igual o más alegría que el gran jefe, preguntando, ……¿Qué es lo que están haciendo aquí ?,… contestando el gran jefe indio, …… nosotros te vimos el día de ayer trabajando… y señalando a todos sus compañeros, dijo, ……ellos quieren ayudarte a terminar tu arduo trabajo, ya que todos nosotros te queremos entrañablemente, y de esta manera te lo queremos demostrar, hacía ya muchos años que no te localizábamos ni sabíamos nada de ti, y ahora que al fin te vimos…… Abdiel les dió las gracias muy emocionado por el afecto de sus amigos indios diciéndoles, que él los quería de igual manera como ellos lo quieren a él; los hermanos de Abdiel se alegraron grandemente viendo que con la ayuda de los amigos indios terminarían muy pronto su proyecto, pero en ese preciso momento observaron a lo lejos muy preocupados y alarmados que se acercaban a ellos muchos guardias armados, marchando al frente de los soldados el rey Adrián, y el duque Daniel fuertemente armados también, los hermanos salieron rápidamente a su encuentro para evitar confusiones, al llegar junto a ellos les explicaron detalladamente lo que había pasado tranquilizando en gran manera al rey y al duque, enseguida los nobles le pidieron a Abdiel que les presentara a sus amigos los indios, Abdiel se acercó de nuevo al gran jefe indio y le comunicó respetuosamente la petición del rey, el gran jefe indio aceptó con agrado y se aproximaron al rey y al duque, después de las presentaciones se pusieron a platicar como si se conocieran de toda la vida, quedando admirado el rey y el duque de la gran sabiduría del gran jefe indio, y del enorme afecto y lealtad que le tenían a Abdiel, sintiéndose el rey muy orgulloso por haber tenido el privilegio de haberlo conocido y de quererlo como a un verdadero hijo; después de cierto tiempo se despidieron del gran jefe indio, no sin antes invitarlos con amabilidad a la doble unión matrimonial de los hermanos de Abdiel con las bellas duquesitas, diciéndoles el rey y el duque que les gustaría mucho que asistieran a la gran fiesta que estaban preparando para celebrar el gran acontecimiento, añadiendo que tenían mucho tiempo para prepararse y acompañarlos, porque todavía faltaban seis meses para la fiesta, el jefe les dió las gracias por su amable invitación, y dijo que lo iba a pensar sin comprometerse mucho, después de despedirse una véz más de la tribu de indios se marcharon todos al castillo real, diciendo el rey al gran jefe indio que cuando el quisiera visitarlo sería bienvenido a su castillo, el gran jefe agradecido le dió las gracias nuevamente, expresando que él también estaba cordialmente invitado a su poblado y quedaron como grandes amigos, además el gran jefe indio añadió que si él quería bien a Abdiel tenía su agradecimiento por siempre; Abdiel al despedirse de toda la tribu agradeció su valiosa ayuda e inclinándose con respeto los saludó, diciéndoles, ...¡hasta pronto hermanos !... ellos también se inclinaron y medio en serio y medio en broma, dijeron, ... ¡hasta pronto Gigante Hermano jefe blanco !...... al retirarse el rey una véz más miró con admiración y respeto a Abdiel teniendo la seguridad que su amada hija no había podido hacer mejor elección al elegirlo a él y regresaron al castillo real rápidamente para tranquilizar a las mujeres que se habían quedado muy preocupadas sin saber que estaba aconteciendo con Abdiel, Ross, y Josem.

Al llegar al castillo real frente al mismo, los estaban esperando con gran angustia las bellas duquesas y la princesa Alizah, que al verlos aproximarse sanos y salvos a los hermanos, al rey y al duque reflejaron en su cara una inmensa alegría, acercándose apresuradas inmediatamente después que ellos bajaron de los caballos, abrazándolos con lágrimas de felicidad en sus bellos rostros, diciéndoles cuánto los querían, y que si les llegara a pasar algo malo ellas no podrían soportarlo, los hermanos las tranquilizaron con dulces palabras de ternura, poco después ingresaron todos al castillo real, a continuación les platicaron detalladamente todo lo que había pasado en el camino con la tribu de indios y su valiosa ayuda, el venerable anciano al escuchar la conversación les comentó entusiasmado lo que les sucedió mucho tiempo atrás del encuentro con la tribu de indios y como había solucionado Abdiel el gran problema con la repartición de la mitad del venado, quedando todos muy impresionados por la sabiduría y la inteligencia que había demostrado a sus pocos años Abdiel, elogiándolo el rey le pidió con curiosidad que les dijera como los había conocido, y Abdiel procedió a contarles con modestia y detalle cómo la tormenta los sorprendió muchos años atrás cuando realizaban él y el caballo blanco la búsqueda de sus amados hermanos, y cómo se refugiaron en el poblado de los indios, y de la ayuda del caballo blanco y él, al salvar al indio herido en una pierna por el cuerno de un rinoceronte, y que desde ese día le habían tomado mucho respeto y cariño llamándolo Pequeño Jefe blanco, todos sin excepción lo miraron con respeto y admiración, diciendo el rey con emoción en su corazón que él iba a tener mucho que contarles a sus nietos cuando los tuviera algún día, causando la risa de todos por sus comentarios, poco después se dieron las buenas noches retirándose cada uno a sus habitaciones no sin antes darles un tierno beso los hermanos a las bellas damitas, subiendo enseguida a darse un relajante baño y descansar para continuar al día siguiente con su duro trabajo.

Durmieron con mucha tranquilidad toda la noche y a la mañana siguiente se levantaron entusiasmados para continuar con su trabajo, después de desayunar y despedirse cariñosamente de las bellas damitas, se marcharon apresurados ya que querían terminar su proyecto en el menor tiempo posible, al llegar al lugar donde tuvieron el emotivo encuentro con sus amigos la tribu de indios, una véz más se quedaron asombrados viendo el enorme avance que hicieron ellos durante la noche, siendo el doble de lo que habían realizado el día anterior, emocionados con ese resultado trabajaron con más entusiasmo dándoles las gracias en silencio a los indios, y así con esa rutina trabajaron varios días sin más interrupciones, viendo cada día con mucha alegría que ya estaban muy cerca de la hermosa cueva porque desde el lugar donde se encontraban trabajando ya se podía divisar la hermosa casa de los venerables ancianos, que estaba en lo alto de una colina.

Ese día al terminar sus labores regresaron al castillo muy contentos y felices para ver a sus amadas después de varios días de no verlas, porque su campamento improvisado, se encontraba bastante alejado del castillo, razón por la que ya no podían regresar cada día como al inicio de la obra, muy satisfechos con los logros que habían obtenido en la construcción del camino, que prácticamente estaba casi terminado.

CAPÍTULO

22

El castigo

Al llegar frente al castillo, vieron a muchos guardias corriendo de un lado a otro y los hermanos se alarmaron grandemente apresurándose a llegar mas rápido, Abdiel que iba montado en el caballo blanco le preguntó preocupado, ...¿Qué pasaría para que haya tanto movimiento?,... el noble animal contestó rápidamente, ...no te alarmes, ni te preocupes que ya todo está bajo control, ahora te explicará el rey lo que pasó,...... se bajaron de los caballos y entraron rápidamente al castillo real, el rey los estaba esperando en la entrada para comunicarles lo que había pasado, y al verlos tan preocupados, los tranquilizó diciéndoles, que todo estaba bien, y enseguida les contó que encontraron a dos jóvenes hombres en las bodegas de comida robando grandes cantidades de alimentos, que los guardias ya los habían arrestado, pero que los jóvenes ladrones no querían hablar, y nadie los podía convencer para que dijeran para quién querían tanta comida, el rey con una mirada de bondad agregó, ...si me la hubieran pedido yo se las habría regalado sin necesidad de haberla robado,...... entonces Abdiel preguntó inmediatamente al rey si le permitía hablar con ellos, dando el rey su asentimiento con un movimiento de cabeza, no sin antes decirle que estaba que no iba a lograr que hablaran, ya que tenían los guardias varias horas tratando de hacerles hablar sin lograrlo; Abdiel se fue rápidamente a las celdas que tenían a un costado del castillo para hablar con los jóvenes ladrones, al llegar junto a ellos los encontró muy asustados, y pensó que iba a ser muy difícil que dijeran una palabra, además observó que eran demasiado jovencitos, que no tendrían más de trece a quince años, pero su asombro llegó al límite al ver que uno de ellos era una jovencita vestida de varón con ropa muy humilde, llegando a la conclusión que los guardias no habían dado cuenta de ése detalle, por más que intentó varias veces hablar con ellos, no logró sacarles ni una sola palabra, ellos sólo lo miraban muy atemorizados, Abdiel se dió por vencido y perdiendo las esperanzas se marchó hacia dónde se encontraba el caballo blanco, para preguntarle si él sabía lo que estaba pasando con los jóvenes ladrones, contándole todo lo sucedido, y el noble animal después de quedarse un momento pensando, le contestó, …… ésos jovencitos viven a unas horas de aquí en una humilde choza, su padre murió hace unos meses y ellos no tienen que comer, es la razón por la que andaban en busca de alimentos, pero no es solamente para ellos, ya que su madre está muy enferma porque acaba de tener una hermosa niña, y como no fue atendida a tiempo puede morir si no la ayudan de inmediato; Abdiel después de darle las gracias por su información se fué apresurado junto al rey para decirle a continuación lo que estaba pasando, y buscar la manera de ayudarlos, después de explicarle detalladamente, el rey con su noble corazón mandó a un guardia para que llevara a su presencia a los jóvenes, quienes se presentaron con su cabeza inclinada avergonzados de su proceder, el rey les pidió que le dijeran dónde vivían para poder ayudarlos, y auxiliar a su madre porque él sabía que estaba muy enferma, los jóvenes se sorprendieron al ver que el rey sabía de la existencia de su madre, e inmediatamente se les iluminó su cara de esperanza, al saber que su madre iba a ser atendida por el médico al servicio del rey, y todavía incrédulos de la bondad del rey lo miraron con temor.

El rey mandó llamar al mayordomo para ordenarle que los llevara a darse un baño, y les diera ropa limpia, además que le entregaran un vestido de su amada hija la princesa Alizah, a la jovencita, y luego los dirigieran al comedor para que les sirvieran lo que ellos desearan comer, obedeciendo el mayordomo rápidamente, y poco después una criada se encargó de la jovencita y un criado del jovencito, cuando estuvieron limpios se quedaron admirados del gran cambio, porque parecían otras personas; ella era una niña preciosa con su pelo rubio muy largo que le cubría toda su espalda, y él un jovencito muy buen mozo, a continuación los llevaron al comedor dónde al momento les sirvieron los alimentos, comiendo con gran avidéz y dejando a la servidumbre admirados de la tremenda hambre que tenían, al quedar totalmente satisfechos los llevaron a la presencia del rey, quién al verlos se asombró en gran manera del favorable cambio de los jóvenes, entonces les preguntó por sus nombres, ella con timidéz le dijo que se llamaba Grecia y el varón se llamaba Geuel, el rey pensó para sí, que los padres a pesar de ser humildes les habían puesto unos nombres muy apropiados a sus hijos, e inmediatamente les dijo que ya era tiempo de marcharse a su casa para darle auxilio a su madre, porque los criados habían preparado grandes cantidades de alimentos para llevar a la madre de Grecia y Geuel ; Abdiel entonces le pidió al rey le permitiera acompañarlos porque también él y el caballo blanco querían ayudar a los jovencitos y a la madre de ellos, accediendo a su petición el rey y sabiendo que podían ser de mucha ayuda, sobre todo el caballo blanco, y se marcharon toda la comitiva, porque el duque, el venerable anciano, Ross y Josem también los acompañaron.

Caminaron pocas horas ya que con los caballos era más corto el trayecto a la humilde choza de Geuel y Grecia, al llegar a la choza a los visitantes les dió mucha tristeza al ver la pobreza en la que vivían e inmediatamente se bajaron de los caballos ingresando a la choza y encontrando a la madre en su lecho, la mujer estaba muy pálida y demacrada con una pequeñita junto a ella llorando de hambre, Grecia se apresuró a cargar a la pequeña en sus brazos dejando el espacio libre al médico para que atendiera a su madre, entonces el rey le dijo a Geuel que se acercara a ella y le preguntara si estaba de acuerdo en que la revisara el médico, Geuel se acercó apresurado junto a su madre, quién los miraba asustada, y asombrada a la vez de que tanta gente tan elegante estuviera en su humilde choza, incluyéndolos a ellos, la madre le preguntó a su amado hijo, por qué traían en esa ropa tan elegante Grecia y él, y que le explicara de inmediato que había pasado con ellos, el jovencito avergonzado le explicó detalladamente lo que les sucedió desde el momento en que partieron en busca de alimentos, al terminar su relato la madre con lágrimas en sus ojos les pidió disculpas a los nobles personajes por el comportamiento de sus amados hijos diciéndoles, que nunca lo habrían hecho si no tuvieran tanta necesidad, que ellos como buenos padres les habían enseñado las buenas costumbres a sus hijos, pero ya tenían mucho tiempo comiendo solamente las frutas silvestres que encontraban en el campo, que también se les habían terminado, y por eso sus hijos salieron en busca de comida, porque ella no podía levantarse de la cama, al terminar su relato les pidió perdón nuevamente a nombre de sus amados hijos; el rey le dijo que no se preocupara, y que ellos estaban ahí para ayudarlos únicamente, cuando el médico se dispuso a revisar a la madre para saber que medicina le podía dar, el rey pensó para si con tristeza y dolor en su corazón que lo único que necesitaban era una buena alimentación, la madre se veía completamente desnutrida, estaba seguro que la pobre mujer no comía casi nada para que comieran sus amados hijos, mientras tanto Grecia con una cuchara le dió pequeñas cantidades de leche a la pequeña que tomó con avidéz hasta quedar satisfecha, al terminar con la pequeña se la entregó a Geuel para prepararle un nutritivo caldo de verduras a su madre, que al estar listo se lo dió con mucha ternura y paciencia, enterneciendo el corazón de los visitantes al ver la nobleza de los hijos para con su madre, y es cuando se dieron cuenta que realmente no eran personas de malas costumbres, la madre al terminar de comer tomó un poco de fuerza y con gran esfuerzo se sentó en la cama y se disculpó porque no tenía dónde ofrecer asiento a tan distinguidos personajes que la visitaban en su humilde morada, el rey ofreció que si ella permitía que ellos los ayudaran a vivir en mejores condiciones, porque pensó que ella no iba a querer ir a vivir al castillo real para no alejarse de su vivienda, pero le preguntó de todas maneras con amabilidad si ella aceptaría, la mujer apresurada le agradeció de todo corazón su amable invitación, pero, le dijo que ahí estaba sepultado su amado esposo y quería permanecer junto a sus recuerdos.

Geuel se dirigió entonces al rey con mucho respeto pidiéndole que le diera trabajo ya que él estaba dispuesto a trabajar con él sin salario, lo único que quería le dijo con seriedad, es que no les faltara de comer a su madre, y a sus hermanas, el soberano conmovido al escucharlo, le contestó que él solamente debía preocuparse de estudiar mucho, y que a él lo dejara encargarse de lo demás, el jovencito inclinó la cabeza en señal de respeto, y le explicó al rey, que ellos estudiaban desde muy pequeños porque su amada madre les enseñó todo lo que sabían, lo cual era mucho, porque ella era una gran maestra que trabajaba en un colegio de una lejana ciudad, pero que abandonó al casarse por amor a su padre, el cual era un humilde granjero, todos miraron a la mujer con gran respeto, y admiración, entonces ella inmediatamente les dijo que no se arrepentía de haberlo hecho ya que fué inmensamente felíz con su esposo mientras Dios les permitió vivir juntos.

El médico le confirmó al rey que todo lo que tenía la señora era una gran desnutrición, que con una buena alimentación se pondría sana y en buenas condiciones, poco después de las instrucciones que les dió el médico se dispusieron a partir, no sin antes decirle el soberano que él iba a estar pendiente de ellos, Abdiel le sugirió al rey que le gustaría que Geuel trabajara con ellos en la cueva de diamantes, porque les sería muy útil con los estudios que poseía, lo que Abdiel realmente quería era ayudarlos sin que ellos se sintieran mal, el rey estuvo totalmente de acuerdo, pero le indicó que primero quería que estuviera al cuidado de su madre y sus hermanas, y que cuando la señora estuviera completamente sana hablarían del trabajo.

Preguntaron a la madre si ella estaba de acuerdo, aceptando ella de inmediato y poniéndose a disposición de todo lo que dijera el rey, muy agradecida por su valiosa ayuda y su buena voluntad para con ellos, y enseguida inclinándose levemente les dijo que su nombre era Gilaly, y su pequeña hija se llamaba Gidely, el soberano y su comitiva se despidieron con amabilidad de la familia, recalcándole a la señora que si necesitaban alimentos o medicina, no dudaran en mandar de inmediato a Geuel al castillo real, y que él personalmente se encargaría de proveerles lo necesario, Gilaly le dijo agradecida con una emoción muy grande en su corazón que tuviera la absoluta seguridad que así lo harían, más tranquilo el rey se marchó rápidamente con su comitiva, para que no se les hiciera muy tarde en el camino de retorno al castillo real.

CAPÍTULO

23

La recompensa

Por el camino se fueron comentando sobre la pobreza de los granjeros, haciéndose la solemne promesa el rey, que él iba a vigilar con más atención los contornos del castillo real, para que se terminaran ésas situaciones en toda su región y sus alrededores.

Llegaron al oscurecer al castillo real dónde los esperaban con gran ansiedad en sus corazones las bellas damas, para que les informaran lo que había pasado con los jovencitos, el rey comprendiendo su ansiedad les pidió que primero les permitieran comer ya que estaban realmente hambrientos y muy cansados ofreciéndoles contarles después todas las novedades, ellas esperaron impacientes en el saloncito a que terminaran sus alimentos, y después se reunieron a platicar con las bellas damas en el salón; el rey entonces les contó detalladamente todo lo que pasó desde el momento que llegaron a la humilde choza de la familia de granjeros, al terminar su relato el rey, la princesa Alizah le dijo a su amado padre que creía que la madre sería de gran ayuda para los niños que vivían en el castillo, y que debiera tratar de convencerla para que les compartiera todo el conocimiento que tenía, explicándole el rey que por el momento no sería posible porque estaba muy enferma, pero más adelante él lo intentaría hasta lograr convencerla, poco después se dieron las buenas noches, y subieron a sus habitaciones a descansar, porque al día siguiente les esperaban más emociones y un largo viaje, ya que estimaba que era tiempo de acompañarlos a la hermosa cueva de diamantes, estaba muy emocionado por conocerla y como prácticamente ya habían llegado hasta el lugar, él quería personalmente participar en los adelantos, durmieron plácidamente toda la noche, después de vivir tantas emociones y con la paz de que todo tuvo un final felíz.

A la mañana siguiente en cuanto vieron la claridad del día se prepararon para partir lo más pronto posible a continuar el trabajo del camino, las bellas damitas pidieron con humildad al rey que les permitiera acompañarlos, porque ellas también tenían la gran ilusión de conocer la hermosa cueva, el rey tuvo que convencerlas que se quedaran en el castillo real, porque no sabían con que novedades y peligros se iban a enfrentar en el largo viaje, prometiéndoles solemnemente, que el próximo viaje que realizarían las llevarían con ellos, y se despidieron con mucho cariño.

Viajaron todo el día avanzando mucho en su recorrido porque el camino estaba en excelentes condiciones, y el rey los felicitó por el gran trabajo que habían hecho, los hermanos le agradecieron sus amables palabras y se detuvieron a descansar y comer, para continuar al día siguiente rumbo a la hermosa cueva, y así sin ningún contratiempo viajaron por cuatro días, al quinto día vieron a lo lejos la casita de los venerables ancianos, y dónde vivían los hermanos.

Los hermanos y el venerable anciano Hilyan, que también iba con ellos, señalaron orgullosos a la distancia su hermosa casita, y dijo el venerable anciano al rey, que si no hubiera sido por la ayuda de los hermanos no la habría podido construir él solo, pero gracias a ellos estaba terminada porque habían trabajado muy duro durante su construcción; el rey y el duque los felicitaron ya que realmente estaba hermosa y en ése preciso instante se dieron cuenta que el camino había llegado a su fin, bajando del caballo primeramente Abdiel, que era él que conocía el lugar exacto de la cueva, todos vieron con curiosidad alrededor y lo único que encontraron fué muchos arbustos verdes, Abdiel caminó sin vacilar hasta cierto lugar y se detuvo quitando con sus manos unas grandes y verdes plantas que estaban tapando la entrada a la hermosa cueva, al retirarlas de inmediato se pudo ver la entrada, ingresando rápidamente todos ansiosos por ver lo que había dentro de ella, caminaron un pequeño trecho sin ver nada por la oscuridad que invadía la cueva, pero a medida que se agrandaba se quedaron asombrados al percibir el gran brillo que había en su interior, abriendo los ojos grandemente, ya que la hermosa cueva estaba cubierta de estalactitas, estalagmitas, pero sobre todo de brillantes diamantes de todos los tamaños como nunca ellos habían visto en su vida, dándose cuenta que Abdiel en realidad se había quedado corto al describirles la hermosa cueva porque no era posible describirla hasta no verla con sus propios ojos, al momento todos se pusieron de rodillas en el centro de la cueva para darle gracias a Dios por la maravillosa experiencia que les permitía vivir, al ver ese espectacular lugar, al terminar sus oraciones de agradecimiento y reaccionar un poco de la emoción tan grande que sentían, el rey pudo finalmente pronunciar palabra, diciendo a todos que se apresuraran a poner en las bolsas que llevaban, todos los diamantes que pudiesen, ya que lo único que tenían que hacer era extender las manos, cuando terminaron los llevaron al carruaje del rey, llenándolo por completo y viendo que ya estaba oscureciendo, decidieron quedarse ese lugar para salir al amanecer del día siguiente rumbo al castillo real, y se dispusieron sin lograrlo completamente por la gran emoción que sentían.

CAPÍTULO

24

La llegada de los condes

A la mañana siguiente partieron apresurados porque querían llegar lo más pronto posible al castillo, y sin grandes contratiempos después de unos cuántos días de viaje llegaron un atardecer al castillo real.

Al bajarse de los caballos, el rey ordenó inmediatamente a los guardias que pusieran a buen resguardo en la caja fuerte del castillo real, las bolsas de diamantes que habían llevado, y luego ingresaron apresurados al castillo real, para darse un buen baño, y tomar sus alimentos porque realmente sentía mucha hambre, después de la gran travesía que habían realizado. Después de descansar, y habiendo tomado el tan anhelado baño, bajaron enseguida al comedor disponiéndose a comer con gran apetito, en ese momento se acercó el mayordomo con la charola de la correspondencia llevando una carta con el sello del conde de Jachim, al rey le produjo una gran emoción ya que hacía muchísimo tiempo no tenía noticias de su gran amigo de la infancia, y abriéndola inmediatamente se dispuso a leer lo que le decía el conde Jonathan, quién era querido por el rey como un verdadero hermano, al leer la carta se puso muy alegre, ya que el conde le comunicaba que estaba en camino a visitarlo, agregando en la misma que estaba casado con una gran mujer y que tenían una pequeña hija, dándole mucho gusto al rey saber que el conde tenía una hermosa familia, entonces el rey mandó a un vigía para que estuviera pendiente del camino, ya que la carta tenía varios días de haberla enviado el conde y probablemente estaban por llegar de un momento a otro al castillo, pero al continuar leyendo le invadió mucha tristeza en su corazón al enterarse que el conde Jonathan iba ir a verlo por última véz, porque se encontraba muy enfermo y su enfermedad no tenía cura, el rey entristeció en gran manera y subió a sus habitaciones para contarle a su amada esposa lo que estaba pasando con su querido amigo; ella lo consoló con un cariñoso abrazo diciéndole que iban a buscar la manera de ayudarlo, el rey entonces le dió un cariñoso beso por sus amables palabras de consuelo y comprensión de su amada, y se recostaron en su lecho nupcial para descansar, porque al día siguiente tenían que preparar un gran recibimiento a su gran amigo del alma el noble conde Jonathan de Jachim. Al siguiente día el rey al salir de sus habitaciones, fue informado por el mayordomo que el vigía lo estaba esperando para darle noticias, al llegar junto al vigía el rey, éste le dijo muy respetuosamente, ...su majestad, a lo lejos viene un carruaje con el sello del conde de Jachim,... el rey se apresuró a terminar con el gran recibimiento que le tenían preparado al conde y su familia, al poco tiempo arribó frente al castillo un carruaje con el sello de Jachim bajando de inmediato un caballero elegantemente vestido pero demasiado delgado y demacrado, al verlo al rey le dió mucha tristeza al mirar lo desmejorado que se vía su gran amigo y se aproximó apresurado en compañía de la reina Noemí, y la princesa Alizah, a darles la bienvenida, después de saludarse con un fuerte abrazo y mucho cariño, el conde Jonathan les presentó a su amada esposa diciéndoles que era la condesa Sheccid, y su amada hija la condesita Alyssandra; el rey también presentó a su gran amigo el conde Jonathan, a su esposa la reina Noemí y a su amada hija la princesa Alizah, y en ese momento se acercaron los duques, los venerables ancianos, y los hermanos para también ellos darles la bienvenida a los honorables condes, el rey los presentó diciéndole a los condes sus respectivos nombres y que eran muy queridos por ellos, se dieron un fuerte apretón de manos diciendo también que era un placer conocerlos, para luego enseguida el rey invitarlos a pasar al gran comedor para desayunar todos juntos, el conde Jonathan agradeció la invitación diciéndole al rey que llevaban varias horas sin comer, al encontrarse todos en el gran comedor, dieron las gracias a Dios por permitirles una vez más estar juntos y por los alimentos que tenían, comieron con gran apetito, y luego se fueron al salón para que el médico del castillo examinara lo más antes posible al conde, al presentarse el médico ante el apresurado requerimiento del rey, éste procedió a examinarlo detenidamente, diciendo que no encontraba nada que le hiciera pensar que el conde sufría de alguna dolencia, indicando el conde que era lo mismo que decían todos los médicos que lo habían visto hasta el momento; entonces Abdiel llamó en privado al rey para sugerirle que le permitiera ver al conde y que el caballo blanco lo examinara, acercándose inmediatamente el rey al conde y comunicándole la petición de Abdiel, la condesa Sheccid al escucharlo le dijo al conde que si aceptaba ella quisiera ir con ellos, ante lo cual el conde entre sorprendido e incrédulo dijo al rey, que no comprendía que pudiera hacer un caballo, y que a él ya lo habían todos los médicos habidos y por haber, pero que no perdían nada con intentarlo y se marcharon todos juntos al lugar dónde se encontraba el caballo blanco.

Al llegar junto a él Abdiel le puso al tanto de lo que estaba sucediendo con el conde, el noble animal se quedó pensativo por largo tiempo y después le dijo a Abdiel que, el conde tenía una rara enfermedad en la sangre que todavía no había sido descubierta por la ciencia, y que le dijera al conde que se quitara la camisa, el conde dócilmente se la quitó y acercándose enseguida el caballo blanco, le lamió la espalda y el pecho con mucha suavidad sintiéndose de inmediato el conde Jonathan muy bién, la condesa Sheccid emocionada al ver a su amado esposo, antes tan demacrado y ahora con un color diferente en su noble cara abrazó al caballo blanco con gran mucha gratitud en su corazón, dándole las gracias por su valiosa ayuda al sanar a su amado esposo; poco después se fueron todos al castillo real todavía comentando emocionados lo que había acontecido con el caballo blanco, el conde Jonathan de Jachim le dijo al rey muy emocionado que el quería que le dijera todo lo referente al caballo blanco, contándole el soberano detalladamente desde el momento que conoció al caballo blanco, a Abdiel y su familia, la condesa Sheccid opinó entonces muy agradecida que estaba segura que Dios los había enviado con ellos, para que su amado esposo recuperara la salud.

CAPÍTULO

25

La recuperación del conde

Los condes de Jachim al conocer la historia miraron con mucha admiración a Abdiel agradeciéndole una vez más, Abdiel modestamente contestó que todo el mérito era del caballo blanco, y así platicando con gran entusiasmo se les fueron rápidamente las horas hasta la madrugada, momento en el que se retiraron cada uno de ellos a sus habitaciones con una inmensa alegría en sus corazones, durmieron muy pocas horas, pero descansaron plácidamente.

Y así rápidamente fueron pasando los días, un mes, dos, tres, hasta cuatro meses preparando la gran unión matrimonial de los hermanos con las bellas duquesitas, Ross, Josem, y Abdiel comentaban muy preocupados en privado, por qué no tendrían noticias de sus amados padres, ya que había pasado mucho tiempo y no tenían ninguna noticia de ellos, al faltar unos pocos días para el gran casamiento doble de los hermanos con las bellas duquesas, llegó sin anunciarse a las puertas del castillo real, un elegante carruaje mirándose todos sorprendidos los unos a los otros, ya que no esperaban visitas, y además para todos ellos era totalmente desconocido el elegante carruaje, y salieron con curiosidad a recibir a los visitantes, al momento en que bajaron del carruaje los viajeros, Ross, Josem, y Abdiel los reconocieron viendo que se trataba de sus amados padres, y bajaron bajan apresuradamente los escalones que los separaban de ellos, para recibirlos conmocionados por la inmensa alegría que invadía sus corazones, con los brazos abiertos, después de tanto tiempo sin verlos dándose un emotivo abrazo, el ilustre aldeano padre les dijo entonces con lágrimas en los ojos que lo perdonaran ya que él estaba arrepentido, y con mucho dolor en su corazón por haberlos echado de su aldea nueve años atrás, los hermanos dijeron de inmediato que no se preocuparan ya que ellos los amaban en gran manera, y que todo eso tenía que pasar para madurar en su vida, que si no hubiera sido así, ellos no tendrían el privilegio de haber conocido a sus amadas duquesitas, y tener la oportunidad de ser tan felices, enseguida les preguntaron asombrados, de quien era tan elegante carruaje, y el ilustre aldeano padre les dijo con mucho orgullo en su voz, ...es nuestro, ya que lo compramos poco tiempo antes de emprender el largo viaje hacia aquí,... y enseguida les dice a sus amados hijos, ...desde que ustedes se marcharon hemos sido bendecidos grandemente por Dios, ya que el huerto de manzanas no ha dejado de darnos una muy gran producción,... y además dijo que él estaba cuidando muy bien su patrimonio, y esperaba que ahora que se iban a casar sus amados hijos, dándoles el aldeano padre un cariñoso abrazo, se vayan a vivir con ellos, Ross, y Josem mirándose uno al otro, respondieron a su ilustre aldeano padre que más adelante hablarían respecto a ésa situación.

Los ilustres aldeanos miraron todo con mucha curiosidad, admirando el hermoso castillo real donde vivían sus amados hijos, diciéndoles la madre con mucha emoción en su corazón, que Dios los había bendecido en gran manera al permitirles vivir en ese hermoso y elegante lugar, entonces en ése momento se acercó el rey, el duque, el conde, y los venerables ancianos, para dar la bienvenida a tan importantes personajes, los hermanos presentaron con una gran emoción en sus corazones y mucho orgullo a sus amados padres, a todos los nobles personajes, quienes sin excepción les dieron un fuerte abrazo, diciendo el rey con amabilidad que estaban en su casa y que eran bienvenidos, añadiendo, … yo quiero a sus amados hijos como si fueran míos,…… los ilustres aldeanos padres agradecieron nuevamente por sus sinceras y amables palabras, los hermanos abrazaron con mucho cariño a los venerables ancianos, y les dijeron emocionados a sus amados padres que ellos también eran sus muy amados padres, ya que habían vivido con ellos desde que salieron de la aldea; los ilustres aldeanos les agradecieron también diciéndoles, que tendrían su gratitud eterna por haber cuidado de sus amados hijos como si fueran de ellos, los venerables ancianos les contestaron de inmediato que éso era lo que representaban para ellos sus amados hijos, agregando el venerable anciano medio en serio, y medio en broma que ahora tenían que compartirlos por siempre, y todos rieron de las palabras del venerable anciano.

Terminando con las presentaciones les invitó el rey le hicieran el gran honor de pasar al interior del castillo real, ya que las bellas damitas, futuras esposas de sus hijos, estaban ansiosas por conocer a los padres de sus futuros esposos, al encontrarse frente a ellas después de darles un cariñoso abrazo les dijeron que eran muy hermosas y alabaron el buen gusto de sus amados hijos.

CAPÍTULO

26

La llegada de los padres

Luego de pasar por momentos tan emotivos, el rey les asignó unas elegantes habitaciones para que descansaran de su largo viaje, los ilustres aldeanos padres con una inmensa felicidad en sus corazones se dieron un relajante baño, luego salieron de inmediato para disfrutar del mayor tiempo posible con sus amados hijos después de tanto tiempo sin verlos, al bajar a los primeros que se encontraron fué a Abdiel y la princesa Alizah que estaban muy contentos platicando de sus amados padres, la madre se acercó y los abrazó con todo el amor que les tenía diciendo a la hermosa princesa que la viera como a su segunda madre, porque eso era lo que quería ser para ella, la princesa le correspondió también con un cariñoso abrazo dándole las gracias por sus emotivas palabras y enseguida le preguntó si quería conocer el castillo real diciéndole cariñosa, ...yo se lo mostraré con mucho gusto,...... al estar los ilustres aldeanos padres de acuerdo dieron un largo recorrido por todo el derredor del castillo real quedando muy impresionados por la belleza del lugar, Abdiel les dijo emocionado a sus amados padres, ...quiero presentarles a alguien muy especial para mi,... y los llevó al lugar donde estaba el hermoso caballo blanco, el noble animal al ver a Abdiel tan felíz dió un fuerte relincho de alegría, entonces Abdiel de dijo al caballo blanco, ……estoy seguro que tú ya sabías que venían mis amados padres, y no me dijiste nada,…le dijo con una felíz sonrisa, contestándole el caballo blanco, ……en efecto, yo ya lo sabía pero no te dije nada ya que era una gran sorpresa,…entonces Abdiel les contó a sus padres, abrazándose del enorme cuello del caballo, que él era el noble animal que le había ayudado a mejorar el huerto de manzanas, a encontrar a sus amados hermanos, y en tantas otras aventuras; los ilustres aldeanos le dieron las gracias por toda su valiosa ayuda, diciéndole emocionados que gracias a él tenían una enorme producción en su huerto de manzanas, el ilustre aldeano se acercó al caballo blanco y le dió unas cariñosas palmadas en el cuello, luego el caballo les presentó a la hermosa yegua del color del trigo maduro y a su yegüita Querubina, poco después se retiraron del lugar.

Ellos continuaron con su recorrido encontrándose en el camino a Ross con la bella duquesita Joselyn, y a Josem con la hermosa Priscilla, teniendo una charla muy emotiva todos ellos, los hermanos querían saber todo lo referente a la pequeña y pintoresca aldea, y los ilustres aldeanos padres querían saber todo lo que les había pasado desde el momento que dejaron su hogar, Ross les comunicó respetuosamente a sus padres que iban a tardar varios días para contarse todo lo que habían vivido, y el ilustre aldeano padre les dijo, que no importaba porque tenían mucho tiempo, se sentaron en unas bancas que se encontraban cerca de dónde estaban hablando, y charlaron por largo tiempo con mucho entusiasmo de todo lo que les había sucedido en los nueve años que no se habían visto, hasta que se acercó un sirviente a decirles que los soberanos los esperan para cenar, apresurándose todos a llegar al gran comedor, una vez allí se sentaron cada uno en el lugar asignado por el rey, y poniéndose todos de pié dieron gracias a Dios por sus bendiciones, al terminar con sus oraciones de inmediato comenzaron a disfrutar de los suculentos platillos que les sirvieron los sirvientes, después de terminar se fueron al salón para continuar con una amena charla participando todos de ella, y así permanecieron reunidos hasta altas horas de la noche, puesto que tenían muchas novedades que contarse, al sentirse un poco cansado el rey les dijo que ya era tiempo de ir a descansar, y que continuarían al día siguiente con su conversación pendiente, seguidamente se retiraron todos a sus habitaciones, después de darse las buenas noches durmiendo todos muy felices.

Así en ese buen ambiente pasaron los días rápidamente, cuando ya faltaba solamente una semana para la gran fiesta del casamiento de Ross con Joselyn, y de Josem con Priscilla, planearon pasar un día todos juntos en el campo, así que prepararon la comida que iban a llevar y se marcharon felices y excitados a disfrutar de un día de campo, pasaron por bellos prados y verdes laderas hasta llegar a un arroyuelo de cristalinas aguas, improvisando allí su campamento, extendieron varias mantas, y después de jugar los más jóvenes por mucho tiempo, ante el llamado de los mayores, se acercaron para comer, estando todos reunidos en pequeños grupos; uno lo integraba el rey Adrián, la reina Noemí, la princesa Alizah, los ilustres aldeanos padres, Ross, Joselyn, Josem, Priscilla, y Abdiel; en otro grupo estaban, el duque Daniel, la duquesa Rebeca, el conde Jonathan, la condesa Sheccid, la condesita Alyssandra, y los venerables ancianos, entonces el rey se puso de pié y les dijo a todos que lo acompañaran a dar gracias a Dios por los alimentos y por ese día tan maravilloso que les permitía disfrutar, al terminar comieron toda la variedad de deliciosa comida que habían llevado, quedándose sentados y platicando muy amenamente.

CAPÍTULO

27

Un día en el campo

De pronto el rey observó muy alarmado que por la vereda se aproximaban cinco enormes osos dirigiéndose directamente hacia dónde ellos se encontraban, quedándose todos de pánico, pero al encontrarse más cerca los enormes animales, Abdiel les pidió que por favor se tranquilizaran, ya que había reconocido de inmediato que era el enorme oso al que ayudaron él y los venerables ancianos cuando estuvo herido de una pata, y los mismos que les ayudaron a llevar la madera para construir la casa de los venerables ancianos, Abdiel se incorporó con rapidéz y fué al encuentro de ellos para darles la bienvenida, el papá oso al ver a Abdiel dió un gran alarido de gusto estremeciendo a toda la concurrencia, el enorme animal puso su gran garra cariñosamente en el hombro de Abdiel, doblándolo por el gran peso, y Abdiel le dijo que le daba mucho gusto ver lo grandes que estaban sus crías, y preguntó al enorme oso, ……¿Qué estás haciendo por estos rumbos tan lejos de tu hogar ?,…… el enorme animal le contestó que una vez al año daban un recorrido por todo el bosque, y que ya iban de regreso hacia donde vivían, pero que al verlo se acercaron a saludarlo, el venerable anciano, Ross, y Josem también se acercaron a saludarlos, el rey, el duque, y el conde viendo que no eran agresivos se armaron de valor y pidieron a Abdiel con un poco de temor que les preguntara a los osos si les permitían acercarse y tocarlos, Abdiel transmitió la petición de los nobles a los enormes osos, quienes dieron su consentimiento, acercándose el rey, el duque, y el conde, al tocarlos sintieron una gran emoción, ya que por primera vez tenían un contacto tan cercano con éstos enormes y feroces animales, y le dijeron a Abdiel que les diera las gracias por permitirles tocarlos, y que los invitaban a comer, aceptando los osos enseguida ya que estaban con mucha hambre, comieron con avidéz todo lo que les pusieron al frente, era un espectáculo fuera de lo común, verlos sentados comiendo en compañía de seres humanos, poco después se despidieron agradeciéndoles por la comida, y marchándose enseguida por donde habían llegado perdiéndose rápidamente en el bosque, todos se quedaron comentando excitados la maravillosa experiencia que acababan de presenciar al conocer a tan enormes animales, y otra vez miraron con admiración y respeto a Abdiel. Los ilustres aldeanos padres sintieron un orgullo muy especial por su amado hijo, al igual que los venerables ancianos, entonces el rey les dijo que era tiempo de regresar al castillo real, porque no quería que se les oscureciera en el camino, poniéndose todos en movimiento, llegando al castillo real sin ninguna novedad al anochecer.

Al faltar sólo tres días para el gran acontecimiento, la venerable anciana llamó a las bellas duquesas Joselyn, y Priscilla al cuarto de costura, ya que ella era la principal costurera en la confección de los hermosos y espectaculares vestidos de novia, contando con la ayuda de cuatro excelentes costureras del castillo real, los vestidos ya estaban terminados y la venerable anciana quería que se los probaran antes para saber con exactitud que pequeñas modificaciones necesitaban, las bellas duquesas al medírselos observaron muy contentas que no necesitaban ninguna modificación, estaban perfectos en su bello cuerpo, se veían tan preciosas con sus hermosos vestidos que las costureras detuvieron la respiración sin encontrar palabras para describirlas, luego las costureras les pidieron apresuradas que se los quitaran porque no querían que nadie más las viera, especialmente sus amados, ellas las obedecieron y se marcharon con una gran felicidad en sus corazones, comentando felices y emocionadas de lo hermosos que estaban sus vestidos.

A la mañana siguiente salieron a cabalgar muy temprano, el rey Adrián, el duque Daniel, y el conde Jonathan, puesto que necesitaban tener un tiempo para ellos solos y hablar de sus cosas cabalgando relajados, se alejaron del castillo real concentrados en una amena charla llegando hasta la orilla del lago de cristalinas aguas donde tiempo atrás las bellas damitas se habían retirado discretamente al ver a unos jóvenes bañándose desnudos, bajándose los nobles caballeros de los caballos para refrescarse un poco la cara con el agua fría del lago, el rey al tomar agua en sus manos vió asombrado a unos hermosos peces de muchos colores y les dijo al duque, y al conde que si veían lo que él estaba viendo, quedándose extasiados observándolos por mucho tiempo, los hermosos peces multicolores se acercaban mucho a la orilla donde estaban ellos sin ningún temor parecía que les querían decir algo pero por desgracia ellos no tenían la capacidad de entenderles nada, entonces el rey les dijo con orgullo al duque y al conde que si Abdiel estuviera con ellos podría hablar con los hermosos peces multicolores, y así se les pasó el tiempo, viendo que ya era tarde volvieron a buscar sus caballos para regresarse al castillo real, descubriendo que no estaban en el lugar dónde los habían dejado, buscándolos por largo tiempo sin encontrarlos por parte alguna, preocupados y viendo que ya se estaba ocultando el sol, cansados de buscar a los nobles animales, se sentaron por un momento; mientras tanto el rey muy preocupado pensó sin temor a equivocarse que los caballos iban a llegar al castillo real, y todos se iban a alarmar al ver que llegaban solos los nobles animales, y así fué como sucedió, al llegar al castillo real los caballos sin sus jinetes un guardia de las caballerizas los vió y se marchó de inmediato al castillo real para dar aviso, al llegar al gran salón donde todos estaban reunidos pidió permiso con una ligera inclinación de cabeza para hablar con la reina Noemí, y de inmediato les comunicó que los caballos llegaron momentos antes sin el rey, el duque, y el conde, las bellas damas se angustiaron llorando desconsoladas pensando que algo malo les había pasado a sus seres queridos, Abdiel de inmediato les dijo tratando de tranquilizarlas que no se preocuparan, que él iba a salir a buscarlos, y les prometió que los iba a encontrar y a traerlos con bien al castillo real, Ross, y Josem pidieron a Abdiel acompañarlo en la búsqueda saliendo rápidamente; Abdiel se marchó dirigiéndose de inmediato a preguntar al caballo blanco que sabía acerca de los nobles caballeros, al llegar junto a él, el noble animal le dijo que no se preocupara, que ellos estaban bien, ...lo que pasó fué que ellos no se dieron cuenta cuando se alejaron los caballos,... entonces Abdiel le pidió que por favor los llevara hacia donde se encontraban los nobles caballeros, partiendo de inmediato Abdiel en lomos del caballo blanco para que los guiara, Ross se montó en la hermosa yegua Querubina, quién en el tiempo que tenían en el castillo se había puesto muy fuerte, y Josem en la yegua color del trigo maduro, cabalgaron por un tiempo hasta llegar al lago, donde pensaban iban a pasar la noche el rey, el duque, y el conde al perder las esperanzas de llegar al castillo real caminando, al verlos llegar a los hermanos se alegraron en gran manera, los hermanos llevaban además otros caballos para ellos.

CAPÍTULO

28

La esperada boda

Después de saludarse emotivamente, los nobles caballeros montaron a los caballos, para regresar de inmediato al castillo real y así tranquilizar a las bellas damas, el rey le contó a Abdiel que ellos se distrajeron con unos hermosos peces multicolores que vieron en el lago y por esa razón no se dieron cuenta cuando se marcharon sus caballos, Abdiel se quedó pensando por un tiempo, recordando a la mamá pez con sus pececitos multicolores dándole mucho gusto que estuvieran tan cerca de él y le platicó al rey lo que le había pasado mucho tiempo atrás con los bellos pececitos multicolores, al escuchar el rey el relato de Abdiel se maravilló una vez más diciéndole que era otra anécdota para contarles a sus nietos; al llegar al castillo real vieron un gran revuelo ya que estaban preparando una grande comisión para salir en su búsqueda, al verlos llegar sanos y a salvo se acercaron de inmediato las bellas damitas a abrazarlos con alegría y gran júbilo, pasado el emotivo momento el rey les contó lo sucedido en el lago, quedando emocionadas diciéndoles que ellas también querían ir a ver los hermosos peces multicolores, el rey les prometió llevarlas al día siguiente al lago para que vieran tan hermosos pececitos porque también Abdiel quería verlos para estar seguro si se trataba de los mismos peces que lo habían ayudado mucho tiempo atrás, se retiran a sus habitaciones después de darse un cariñoso beso de buenas noches para salir al amanecer del día siguiente rumbo al lago.

La noche transcurrió rápidamente y a la mañana siguiente al amanecer estuvieron todos preparados para partir rumbo al lago, cabalgaron unas horas llegando al medio día al lugar, el rey Adrián fué cabalgando al frente con su amada esposa la reina Noemí, y la princesa Alizah, enseguida iban los hermanos con sus ilustres aldeanos padres, el duque Daniel, con la duquesa Rebeca, y sus bellas duquesitas Joselyn, y Priscilla, el conde Jonathan, la condesa Sheccid, la condesita Alyssandra, y los venerables ancianos, al llegar todos sintieron una emoción muy grande en sus corazones pero no vieron absolutamente nada, el lago estaba muy solitario y en completa calma, se entristecieron en gran manera, desilusionados al no ver lo que ellos esperaban, al momento sin hacer comentario alguno Abdiel se quitó los zapatos con rapidéz y se introdujo en el agua haciendo unos extraños sonidos con su garganta, y todos intrigados voltearon a verlo, y al momento vieron que en el centro del lago el agua empezó a agitarse mucho, y esa gran agitación se fué acercando a la orilla del lago con mucha rapidez, en ese mismo momento vieron emocionados y sorprendidos una gran cantidad de hermosos peces multicolores alrededor de Abdiel, era un maravilloso espectáculo el que estaban presenciando muy cerca de donde ellos estaban de pié, quedándose en completo asombro al verlo rodeado de los hermosos peces, y al escuchar los extraños sonidos que Abdiel hacía, y que también los hermosos peces multicolores le contestaban, todos querían saber lo que estaban diciendo, pidiéndole a Abdiel emocionados que les dijera lo que estaban hablando, contestándoles él, después de tranquilizarlos, que les diría detalladamente lo que estaban diciendo, la mamá pez y él, en ése instante tuvo que prestar toda su atención ya que la mamá pez le estaba diciendo que tenía una gran alegría de volver a verlo, que lo habían buscado por mucho tiempo sin encontrarlo porque tenían muchos deseos de presentarle a sus crías y las crías de sus crías, porque ya eran una gran cardúmen de hermosos peces multicolores los que acompañaban a la mamá pez; Abdiel contestó a la mamá pez, diciendo, ……me da mucho gusto y alegría volver a verlos, estoy muy contento que sean felices y estén todos juntos, yo también soy muy felíz,…… replicando la mamá pez, dijo, ……si, a tí te creció la familia en gran manera !,…y Abdiel contestó señalando con su mano a todos los que lo acompañaban, ……yo también tengo mucha familia ahora,…… …sí, le dice la mamá pez la última vez que te vimos solamente eras tú, y tus hermosos cachorros Sombra y Luz ,y ahora me da mucho gusto verte con toda tu numerosa familia, pero sobre todo, me da gusto que seas muy felíz,… y luego, le dijo la mamá pez, …… vamos a estar toda la temporada en este lago, y nos gustaría volver a verte una vez más,…… él les prometió volver lo más pronto posible para platicar con todos ellos, y se despidieron tocándoles Abdiel con cariño el pequeño lomo a los hermosos peces multicolores, todos al verlo querían tocarlos también, pidiéndole a Abdiel les preguntara si les permitían tocarlos, aceptando la mamá pez la petición de las bellas damas y los nobles caballeros, quienes rápidamente se quitaron los zapatos para introducirse al agua y tener la satisfacción de tocarles su hermosos y coloridos lomos, fué una sensación maravillosa la que sintieron todos ellos al tocarlos, pidiéndole con mucha emoción a Abdiel que les dieran las gracias en nombre de todos ellos por permitírselos; Abdiel les dió las gracias a nombre de todos y poco después se despidieron, saliendo del agua regresaron al castillo real todavía comentando emocionados la maravillosa experiencia que vivieron en el lago con los hermosos y coloridos peces.

Al llegar al castillo real vieron que ya estaban llegando los primeros invitados al gran acontecimiento de la felíz unión de Ross con Joselyn, y de Josem con Priscilla, se apresuraron a darles la bienvenida con mucha amabilidad, viendo que al fin había llegado la tan esperada fecha por todos, al día siguiente sería el día más especial de sus nobles vidas, estaban tan emocionados que nadie en el castillo real logró dormir en toda la noche, pidiéndole especialmente los enamorados a Dios en una sincera plegaria, llegara con prontitud la claridad del día para unirse en felíz matrimonio con sus bellas duquesas.

A la mañana siguiente muy temprano bajaron de sus habitaciones para desayunar todos juntos, al encontrarse todos en el gran comedor primeramente dieron gracias a Dios por permitirles llegar a tan felíz acontecimiento y por los sagrados alimentos que tenían servidos en su mesa, y al terminar con sus alimentos subieron ansiosos a sus aposentos reales para poco después prepararse con sus hermosos y espectaculares atuendos especialmente preparados para tan felíz acontecimiento; los primeros que quedaron listos con su arreglo personal fueron Ross, y Josem, bajando al gran salón a esperar impacientes a las bellas damitas, poco después se reunieron todos los demás junto a los nerviosos novios, el rey con mucha calma habló con ellos para tratar de tranquilizarlos, al ver el estado de nervios en el que se encontraban, de pronto en ese preciso momento se escuchó una gran algarabía frente al castillo real, saliendo todos apresurados y preocupados para saber quién llegaba haciendo ese escandaloso ruido, y lo que vieron al frente sorprendidos y halagados fué a la gran tribu de indios muy elegantes con sus tradicionales y coloridas vestimentas que llegaban a acompañarlos a tan felíz acontecimiento, Abdiel caminó a su encuentro para darles la bienvenida bajando las escaleras del castillo real, con el noble soberano, después de darles Abdiel un fuerte abrazo de bienvenida les dió las gracias emocionado por tan agradable sorpresa, y su decisión de asistir, para acompañarlos a la felíz unión de sus amados hermanos, inmediatamente los invitaron amablemente a pasar al castillo real entrando todos con solemnidad y respeto, y en ese preciso momento todos vieron emocionados que iban bajando las gradas, las hermosas duquesas ataviadas en sus preciosos y maravillosos vestidos de novias, ellas llevaban su hermoso rostro cubierto con sus espectaculares y brillantes velos, que los habían confeccionado las profesionales costureras con una gran cantidad de pequeños diamantes de la hermosa cueva descubierta por Abdiel mucho tiempo atrás, todos sintieron que se les paralizaba el corazón por un instante de la emoción, al verlas realmente tan hermosas, mirándolas con reverencia y gran respeto.

Entonces Ross se apresuró acercándose para darle la mano a la hermosa Joselyn, y Josem a la bella Priscilla, dirigiéndose enseguida al templo Shekinah donde los estaban esperando todos los invitados con el reverendo pastor para al fin darles su bendición y unirlos en felíz matrimonio, todos escucharon con mucho respeto y atención el servicio del pastor, al terminar con la ceremonia y salir de la iglesia la concurrencia los recibió con grandes cantidades de pétalos de rosas, lanzándoselos sobre ellos con gritos de júbilo deseándoles felicidad eterna a los ahora esposos, lo que les dieron las gracias con una radiante sonrisa.

Enseguida pasaron al gran comedor a disfrutar del gran banquete de nupcias con la gran variedad de alimentos que habían preparado con mucha dedicación los criados, con la supervisión de la propia reina Noemí, al terminar con sus sagrados alimentos se retiraron emocionados hacia el exquisitamente adornado salón con una extensa variedad de arreglos florales, preparado especialmente para la ocasión, con una enorme pista de baile, al aparecer los flamantes esposos, la gran orquesta musical los recibió con un hermoso vals y de inmediato empezaron a bailar los felices desposados con una alegría muy grande en sus nobles corazones reflejada en sus radiantes caras, fué un acontecimiento espectacular y maravilloso ya que todos los invitados que asistieron a ella la comentaron mucho tiempo después siendo los desposados muy felices……

Continuara…

ÍNDICE

www.ingramcontent.com/pod-product-compliance
Ingram Content Group UK Ltd.
Pitfield, Milton Keynes, MK11 3LW, UK
UKHW041847190726
13854UKWH00002B/755